novum premium

Sonja Marquardt

JESUS
VON NAZARETH
Die Wahrheit wird euch befreien

novum premium

Bibliografische Information
der Deutschen Nationalbibliothek:

Die Deutsche Nationalbibliothek
verzeichnet diese Publikation in
der Deutschen Nationalbibliografie.
Detaillierte bibliografische Daten
sind im Internet über
http://www.d-nb.de abrufbar.

Gedruckt in der Europäischen Union
auf umweltfreundlichem, chlor- und
säurefrei gebleichtem Papier.

ISBN 978-3-99130-257-5
Lektorat: Falk-Michael Elbers
Umschlagfotos: Malija,
Leo Lintang | Dreamstime.com
Umschlaggestaltung, Layout & Satz:
novum Verlag
Innenabbildungen:
Seite 96: © Kurt Marquardt
Restliche Bilder: © Sonja Marquardt

Die von der Autorin zur Verfügung
gestellten Abbildungen wurden in der
bestmöglichen Qualität gedruckt.

www.novumverlag.com

Druckprodukt mit finanziellem
Klimabeitrag
ClimatePartner.com/16547-2311-1001

„Ohne die Wahrheit gibt es
keine Sicherheit und keinen
Bestand.
Fürchtet es nicht, wenn die
ganze Meute aufschreit.
Denn nichts ist auf dieser
Welt so gehasst und gefürchtet
wie die Wahrheit.
Letzten Endes wird jeder
Widerstand gegen die Wahrheit
zusammenbrechen wie
die Nacht vor dem Tag."

Theodor Fontane

Ich bin der Weg,

die Wahrheit

und das Leben!

Jesus von Nazareth

ist

nicht das Oberhaupt der Kirche,

sondern

Jesus von Nazareth

ist

das Oberhaupt der

Welt

mit seiner eigenen Religion

„die Lehre Jesu

mit der Bergpredigt

und den zehn Geboten“.

Wozu sind Menschen fähig?

„Was du nicht willst, das
man dir tu, das füg
auch keinem anderen
zu, weder den Menschen
noch den Tieren."

Das zweite Leben der

Maria Magdalena

von Magdala

und

die Rückführung ins vergangene
Leben von vor ca. 2000 Jahren

durch

Jesus von Nazareth

mit

Maria Magdalena

Jesus von Nazareth:

„Folgt mir!“

Ich war ein kleines Mädchen von ca. vier Jahren mit einem blonden Lockenkopf und hatte ein Dirndl-Kleidchen mit Schürze an. Und an jenem Tag ging ich hinaus zum Spielen. Wir wohnten in einem Vorort einer Großstadt in einem kleinen Häuschen etwas ländlich.

Ich ging hinter unsere Mauer auf die Wiese, und da sah ich, wie unser Nachbar und sein Sohn sowie dessen Freund etwas ausgruben. Ich bin neugierig hingelaufen, um zu sehen, was sie da machen.

Und als ich hinkam, sah ich, wie der Nachbar ein Hasennest mit vier kleinen Häschen ausgrub. Die Häschen waren so klein und ganz nackt und hatten ihre Äuglein noch zu. Da hörte ich, wie einer von den Jungs sagte: „Die werfen wir der Katze vor." Einer dieser Jungs hatte einen fetten Kater, der hieß Peter, und diesem Kater wollten die zwei Jungs die kleinen Häschen zum Fressen vorwerfen.
Als ich das hörte, war ich so entsetzt. Zum Glück hatte ich an diesem Tag mein Dirndl-Kleid mit Schürze an. Ich habe die Schürze aufgehalten, habe die vier kleinen Häschen blitzschnell da hineingetan und bin laut schreiend zu meiner Mutter gelaufen. So schnell, wie ich das alles gemacht habe, konnten die Jungs gar nicht reagieren und sie sind mir auch zum Glück nicht nachgelaufen, weil ich so furchtbar laut geschrien habe. Meine Mutter hat das Schreien gehört und hat gedacht, mir ist etwas Schlimmes passiert. Sie kam mir schon entgegengelaufen. Ich habe weinend zu ihr gesagt: „Mami, Mami, du musst die Tiere retten. Die Jungs wollen sie dem Kater Peter zum Fressen vorwerfen." Meine Mutter war entsetzt. Sie meinte: „Wie soll ich das denn schaffen? Ich habe doch gar nichts für die Tiere hier." Und übrigens meinte meine Mutter, sie wisse doch gar nicht, ob es Hasen seien, es könnten ja auch Ratten sein. So klein wie ich war, war mir das aber völlig gleichgültig,

ob es Hasen oder Ratten waren. Bei mir wird jedes Tier gerettet, egal ob Hase oder Ratte. Plötzlich ist meiner Mutter eingefallen, dass es an den „Büdchen“, wie man bei uns im Rheinland sagt (in anderen Gegenden sagt man „Kiosk“ oder „Trinkhalle“), Liebesperlen in einem Fläschchen mit Schnuller gibt. Meine Mutter hat mich dort hingeschickt und ich musste so ein Fläschchen holen. Sie hat Kuhmilch verdünnt und den kleinen Häschen eingegeben.
Und meine Mutter hat es tatsächlich geschafft, zwei Hasen großzuziehen und zwei sind leider gestorben. Ein Hase hatte auf der Stirn einen großen weißen Fleck. Ihn habe ich Peter genannt. Der andere hatte kein auffälliges Merkmal. Ihn habe ich Hänschen genannt. Es war eine schöne Zeit mit den beiden. Wir hatten in der Küche einen Herd zum Kochen mit einem Kohlenkasten. Und in diesem Kohlenkasten waren die zwei Häschen. Das war ihr Lieblingsplätzchen. Da war es schön warm und durch das große Küchenfenster schien die Sonne genau auf den Kohlenkasten. Das hatten die zwei Häschen so gerne. Wenn der Milchmann an unser Küchenfenster kam und uns die Milch brachte, wollte er immer die zwei Hasen im Kohlenkasten sehen. Das hat ihm jedes Mal Freude bereitet.

Aber dort konnten die Hasen ja nicht immer bleiben. Sie waren sehr lebhaft. Es waren ja Wildhasen. Und meine Mutter meinte, wir können sie nicht länger in der Wohnung halten. Und so entschloss sie sich, einen Brief an den Zoo zu schreiben und zu fragen, ob der Tierpark die Tiere nehmen würde. Nach einer gewissen Zeit bekam meine Mutter Post vom Tierpark und darin stand, dass wir die Tiere bringen könnten. Sie würden es dort sehr schön haben und ein eigenes kleines Gehege mit anderen Hasen zusammen bekommen. So haben wir, meine Mutter und ich, die Tiere in den Zoo gebracht. Es war ein schmerzlicher Abschied. Ich hatte die kleinen Häschen so lieb! Aber man hat mir erklärt, dass Hasen auch unter anderen Hasen leben wollen, damit sie eine Familie gründen und später auch kleine Häschen haben können.

Eines Tages ging ich wieder raus zum Spielen und da begegnete ich meinem Nachbarsjungen. Er wusste, dass wir die Hasen in den Zoo gebracht hatten. Er fing gleich an, mich zu ärgern, und meinte: „Deine Hasen leben gar nicht mehr. Die wurden den Schlangen zum Fraß vorgeworfen." Ich war entsetzt. Wie kann man so etwas sagen? Mein geliebter Peter und mein geliebtes Hänschen sollen von der Schlange gefressen worden sein? Das konnte und wollte ich nicht glauben und lief weinend zu meiner Mutter. Ich erzählte ihr, was der Junge gesagt hatte, und meine Mutter war ebenfalls schockiert.
Sie wandte sich gleich per Post an den Zoodirektor, schilderte ihm die Geschichte und schrieb, dass hier ein kleines Mädchen bitterlich um seine Häschen weint.
Nach einiger Zeit bekam meine Mutter vom Tierparkdirektor persönlich einen Brief. Er schrieb, dass das Unsinn wäre, was der Nachbarsjunge da sagt, und meinte, wir sollten uns davon überzeugen, dass Hänschen und Peter noch leben. Er legte zwei Freikarten für den Zoobesuch bei und nach ein paar Tagen gingen meine Mutter und ich in den Zoo. Wo das Häschen-Gehege war, wussten wir ja. Und tatsächlich habe ich Peter am großen weißen Fleck auf der Stirn wiedererkannt. Nur Hänschen konnte ich nicht identifizieren, denn er hatte kein besonderes Merkmal. Er musste einer von den anderen gewesen sein. Ich war so glücklich!

Da kann man mal sehen, wie große böse Jungs gerne kleine Mädchen ärgern.

Mit ca. zwölf Jahren war ich schon gegen die Kirche, so dass ich am Religionsunterricht in der Schule nicht teilnehmen wollte. Meine Mutter ging nach langem Hin und Her zur Schule und wollte mich vom Religionsunterricht befreien lassen. Aber die Schulleitung gestattete das nicht. Ich kann nicht sagen, warum ich die Kirche nicht mochte, es war rein gefühlsmäßig. Und meine Gefühle haben mich nicht betrogen, wie man später lesen kann.

So fing alles an:
Meine Kindheit war sehr schön. Mit Tieren leben, Tiere retten, das war damals schon mein Traum. Ich habe Igel, Wildhasen, Vögel und auch Mäuse gerettet.
Einmal nahm ich an einem Preisausschreiben teil. Man sollte eine Tiergeschichte schreiben. Ich gewann den dritten Preis. Die ersten drei Tiergeschichten wurden im Radio vorgelesen. Wir hatten an der Schule in jedem Klassenzimmer einen Lautsprecher, und so durfte die ganze Schule die Geschichten mit anhören. Die Namen der drei Gewinner und die Namen der jeweiligen Schule wurden vorgelesen. Das machte mich natürlich stolz.

Mit 21 Jahren habe ich geheiratet, wollte jedoch nicht kirchlich heiraten. Ich hatte keinen Bezug zur Kirche. Mein Mann bat mich aber, seiner Familie zuliebe kirchlich zu heiraten. Es war ein schrecklicher Tag. Die ca. halbe Stunde in der Kirche werde ich nie vergessen. Ich habe am ganzen Körper gezittert. Ich konnte mir nicht erklären, warum. Es war der 15. August und draußen war es heiß, also habe ich auf keinen Fall gefroren.
Heute 2006 weiß ich, warum: Meine Seele tobte! Ich habe nur eine Erklärung: Meine Seele wusste 1963 schon, was 2006 auf mich zukommen würde. Nur ich wusste es nicht.
Heute haben wir 2006 und mein Mann bat mich, seiner Familie zuliebe kirchlich zu heiraten. Dazu möchte ich noch meinen persönlichen Kommentar abgeben. Ich finde es eine Unverschämtheit von Familien, jungen Leuten vorzuschreiben,

wie sie ihre Hochzeit gestalten. Ob sie kirchlich heiraten oder nicht, ist doch jedem Menschen selbst zu überlassen. Wo ist da die „Freiheit“? Ich würde mir das alles nicht noch einmal gefallen lassen. Aber beim Kirchenvolk gibt es ja keine „Freiheit“, wie man später lesen kann.

Zwei Söhne habe ich geboren und wollte sie nicht taufen lassen. Ich wollte freidenkende Menschen. Aber die Mutter meines Mannes ist hingegangen und hat die Kinder einfach taufen lassen. Mit meinem Wissen von heute (2006) würde ich mir das alles nicht mehr gefallen lassen, zumal ich heute weiß, dass Jesus von Nazareth gegen das Babytaufen ist: Er wollte freidenkende Menschen.

Auch kirchlich heiraten würde ich nicht noch einmal, da ich heute (2006) weiß, dass Jesus von Nazareth mit der Kirche nichts zu tun hat und auch nichts mit der Kirche zu tun haben will.

Jesus von Nazareth hat seine eigene Religion:

„Die Lehre Jesu mit der Bergpredigt
und den zehn Geboten“

Und er hat seine eigenen Anhänger wie vor 2000 Jahren. In der Gemeinschaft Jesu befanden sich vor 2000 Jahren keine Schlächter, Jäger und fleischessenden Menschen.

Dann bin ich aus der Kirche ausgetreten.
Ich finde es eine Ungeheuerlichkeit, wehrlose Babys zu taufen, und von da an gehört man einer Organisation an, der man absolut nicht angehören möchte.
Jesus ist gegen jegliche Gewalt und gegen jede unten aufgeführte Tat, die die Institution Kirche begangen hat.:

- Kreuzzüge in Massen
- Menschen gefoltert
- Menschen ermordet
- Tiere ermordet
- Tiere gegessen
- Tierqualen zugelassen

Jesus, Maria Magdalena, seine Eltern, seine Jünger, seine Anhänger waren alle

„Vegetarier“.

Die Lehre Jesu beinhaltet den Vegetarismus.

Die Kirche hat wissentlich den Vegetarismus aus der Religion gestrichen. Das ist ein weiteres Verbrechen.

Wie heißt das Sprichwort?

„Ein Haus aus Lügen
gebaut, zerfällt wie
ein Kartenhaus.“

Ich war früher mal krank, und als es mir wieder besser ging, sagte ich zu meiner Mutter: „Ich glaube, ich habe einen Draht nach oben." Meine Mutter lachte und meinte: „Ausgerechnet du! Du wirst mal in der Hölle schmoren." Sie meinte damit, weil ich ja der Kirche nicht angehörte, könne ich auch keinen Draht nach oben haben.

Wie ein Mensch sich täuschen kann!

Dann wurde ich noch einmal krank. Ich hatte ein Erlebnis, und zwar bin ich durch einen Tunnel durchgezogen worden, zu einem wunderschönen Licht. Als es mir wieder besser ging, habe ich gesagt: „Da muss einer sein, der mich sehr mag."
Aber wer?

Meine Mutter war zu der Zeit leider schon tot.
Von da an hieß es oft:
Aber wer?

Ich stand so gegen Mittag in meinem Garten und sah plötzlich fast über unserem Haus eine riesengroße, schwarze Fledermaus. Ich war sehr aufgeregt, voller Spannung und auch ängstlich: Die Fledermaus war furchterregend. Solche Filme hat Hitchcock, der amerikanische Filmregisseur, gedreht. Ich kam mir vor, als wäre ich in einem Hitchcock-Film. Wahnsinn pur!
Zufällig kam mein Sohn gegen Mittag zu uns. Ganz aufgeregt erzählte ich ihm, was ich kurz vorher gesehen und erlebt hatte. Ich sagte zu ihm: „Ob das jemand aus der Nachbarschaft kann und die wollen mich ärgern?“ „Nein“, meinte mein Sohn, „so etwas kann niemand.“ Er merkte sofort, dass das etwas Übersinnliches ist.
Auch meinem Umfeld hatte ich das Erlebnis mit der riesengroßen, schwarzen Fledermaus erzählt. Aber man glaubte mir nicht. Ich hatte das Ganze schon lange vergessen, da verirrte sich eine Babyfledermaus in unser Haus. Ich habe meinen Mann gerufen. Und als er die kleine Fledermaus sah, war er ehrlich sehr verblüfft. Damit hatte er nicht gerechnet. Und ich war natürlich froh, dass ich nicht mehr als Lügnerin dastand.
Wir hatten nach einiger Zeit gefeiert. Es war späte Nacht, als ich mit meinem Hund nochmal rausging. Ich ging zur Mulde hinter unserem Haus und da sehe ich zwei Füchse. Herrlich anzuschauen. Ich freute mich riesig, denn ich liebe Tiere sehr. Und wiederum ging ich nach Hause und erzählte es meinen Leuten. Was war der Kommentar dazu? „Hier gibt es keine Füchse.“
Aber ich habe sie doch mit meinen eigenen Augen gesehen. Was will man machen? Man glaubte mir wieder nicht.
Ich hatte das Ganze vergessen und nach einiger Zeit ging ich mit Ricky tagsüber spazieren. Am Tennisplatz angekommen, sehe ich einen Wolpertinger: halb Hase, halb Hund. Ich war so aufgeregt und habe zu Ricky gesagt: Das glaubt mir kein Mensch. Jetzt müsste ich einen Fotoapparat haben. Aber ich hatte leider keinen dabei. Als ich zu Hause war, habe ich das natürlich auch erzählt. Ich glaube, hier ist der Kommentar dazu überflüssig, was ich zu hören bekam, das kann man sich ja denken. Aber ich bin hart im Nehmen und dachte, dann glaubt man mir eben nicht.

1998 wurden im Fernsehen schreckliche Tiertransporte gezeigt. Mein Sohn und seine Frau waren an dem Abend bei uns. Ich konnte die entsetzlichen Aufnahmen nicht ertragen. Ich war fassungslos.
Aber ich kann den Tieren ja nicht helfen und das Leben geht weiter.

Ein paar Tage später fand ich zufällig ein Bild von Jesus. Ich weiß nicht mehr, ob es in einer Illustrierten oder von einer Beerdigung war. Auf jeden Fall habe ich das Bild genommen, habe ihn angeschrien, habe ihm gesagt, er als Oberhaupt der Kirche lässt so etwas zu:

Schreckliche Tiertransporte, Schlachthäuser wurden gebaut, Stierkämpfe werden veranstaltet. Jeden Sonntag sitzen

10.000 Menschen

in den Rängen der Arena und schauen sich die Grausamkeit an.

Alles sogenannte

„Christen"

(Anhänger der Kirche).
Tiere werden gequält in Tierversuchslabore und, und, und ...

Ich habe mir eine Tasse Kaffee gekocht und habe mich langsam wieder beruhigt. Am nächsten Tag hatte ich das alles wieder vergessen. Das Leben geht eben weiter.

Dann kam der 11. September 2001. Ich wollte unbedingt nach New York: Oben im World Trade Center frühstücken und über Manhattan schauen, das war mein Traum. Ich bin immer im September geflogen, nie in einem anderen Monat und immer zwischen Anfang und Mitte September. Aber volle drei Jahre hörte ich eine Stimme, die zu mir sagte: „Nicht fliegen." Ich habe es ernst genommen und bin auch nicht geflogen.
Eine Zeit später habe ich eine Sendung im Fernsehen über den Terrorismus gesehen und unter anderem wurde der 11. Sept. erwähnt und da hieß es, ca. drei Jahre habe es gedauert, bis der Termin 11. September stand. Ich hatte das Gefühl, es hat mir jemand das Leben gerettet, aber wer?

Dann hatte ich ein weiteres Erlebnis. Ich sah eine runde Scheibe, riesengroß, gelb, unten an der rechten Seite etwas orange, und die Scheibe war an den Seiten ausgefranst. Ich war verblüfft. Was war das?

Ich habe es niemandem erzählt.
Man glaubt mir ja doch nicht.

Wie Jesus von Nazareth sich mir gegenüber zu erkennen gab.

Ich saß an meinem Schreibtisch, als ich plötzlich eine Stimme hörte, die zu mir sagte: „Möchtest du wissen, mit wem du es zu tun hast?"
Ich war erstaunt und neugierig zugleich.
„Ja", sagte ich, „gerne möchte ich wissen, wer du bist, der mich seit Langem im Geheimen schon begleitet."
Die Stimme sagte: „Wann, vermutest du, habe ich gelebt?"
Ich habe überlegt, wann wer gelebt hat.
Zuerst vermutete ich ca. 1500.
„Nein", sagte die Stimme, „tiefer."
Ich sagte: „So um 1100?"
Die Stimme sagte: „Nein, auch in der Zeit nicht, tiefer."
Ich nannte einfach eine Zahl: „1000?"
„Nein", sagte die Stimme, „tiefer."
Ich sagte: „0?"
„Ja", sagte die Stimme voller Freude.
Ich sagte: „Jesus von Nazareth?"
„Ja", sagte die Stimme.

„Ich bin Jesus von Nazareth!"

Da wusste ich, wer in mein Leben gekommen war. Ich war erstaunt und fassungslos, aber auch erfreut, dass der mächtigste Mann der Welt sich mir zugewandt hatte.

Ich erzähle euch eine rührende Tiergeschichte. Leider mit einem schrecklichen Ende.

Anfang Sommer verirrte sich eine Barbarie-Ente an unseren Bach hinter unserem Haus. Als ich sie das erste Mal sah, dachte ich mir noch nichts dabei und meinte nur, sie findet schon wieder nach Hause.

Einige Tage später ging ich mit meinem Hund am Bach spazieren und sah die Ente wieder. Ich freundete mich mit ihr an. Auch meinen Hund mochte sie.

Ich brachte ihr täglich etwas zu essen. Sie hat sich für nachts ein ideales Bettchen zum Schlafen gesucht, das auch kein Feind erreichen konnte. Als ich das sah, dachte ich, das ist superschlau von ihr.
Ich bin alle drei Tage mit Stroh durch das Wasser und habe ihr das Bettchen sauber gemacht und wieder mit Stroh bedeckt. Tagsüber habe ich sie gefüttert. Es war eine schöne Zeit mit ihr. Nur andererseits war es nicht so friedlich. Große, freilaufende Hunde haben sie gejagt, so dass sie oft ins Wasser flüchten musste. Am schlimmsten war der Junge vom Bauernhof gegenüber. Wenn ich der Ente was zu essen gebracht habe, ist er hingegangen und hat das Essen vernichtet. Es war schrecklich. Ich habe ihm oft gesagt, er soll das lassen. Aber er hat es immer wieder getan.
Ich hatte auch gemerkt, dass man mir die Ente nicht gönnt. Immer wieder habe ich es gemerkt.

Dann ging der Sommer zu Ende. Und da musste ich mir etwas einfallen lassen, denn die Ente konnte dort nicht bleiben. Der Platz im Wasser war nicht überdacht. Es gab keinen Schutz vor Regen oder Schnee. Und wenn das Wasser im Bach steigen würde, hätte sie gar nichts mehr.
So entschloss ich mich, die Ente zu mir zu nehmen. Ich kaufte eine große Hundehütte und stattete diese mit Folie und

Stroh aus. Ich besorgte so einiges, was eine Ente braucht, und fing sie ein.
Es war eine schöne Zeit mit ihr.
Die Ente war ein Erpel. Ich nannte ihn Oscar.
Oscar fühlte sich bei mir richtig wohl. Wir bauten ihm einen kleinen Swimmingpool, in dem er den ganzen Sommer über herumplanschte. Man hörte Oscar bei mir im Wohnzimmer, wenn er in seinem Pool war. Es waren drei schöne Jahre, die ich nie vergessen werde. Aber die ganze Zeit hatte ich das Gefühl, dass man mir Oscar nicht gönnt. Das kam wohl von dem Bauernvolk, dem der arme Kerl davongelaufen ist.
Was sind das für Menschen, die einem Tier so ein schönes Leben bei mir nicht gönnen. Na ja, eines Tages kam ich raus und wollte zu Oscar, da lag Oscar da mit einem abgetrennten Kopf. Ich war fassungslos. Jeder echte tierliebende Mensch weiß, was ich da empfunden habe. Mir fiel dann ein, dass am Tag zuvor ein junges Mädchen mit dem Fahrrad an mir vorbeigefahren war und mehrere Male „Überraschung, Überraschung" gesagt hatte. Da wusste das Mördervolk schon, was in der Nacht passieren sollte. Ein Marder konnte es nicht gewesen sein. Das war unmöglich. Der Hals war glatt durchtrennt.
Jetzt habe ich im Fernsehen gesehen, wie das Bauernvolk mit armen, wehrlosen Tieren umgeht. Die Enten kommen in einen Trichter mit dem Kopf nach unten. Unten drunter ist eine Blutauffangschale und dann wird dem Tier der Hals glatt abgetrennt. Was sind das für Menschen, die zu so etwas fähig sind?

Aber Fronleichnam stellen sie vor ihren Bauernhöfen einen Altar auf. Ich frage mich immer wieder: Was feiert das Mördervolk da?
Es gibt nur eine Erklärung:

Die Leichen von den armen
Menschen von 1.700 Jahren,
die das Kirchenvolk umgebracht hat.

Und

die Leichen von den armen
Tieren von 1.700 Jahren bis
heute, die umgebracht wurden
und auch heute immer noch
umgebracht werden.

Und das alles unter dem Namen

Jesus von Nazareth.

Glaubt ihr, dass sich das ein menschen- und tierliebender Gott gefallen lässt? Mit menschenliebendem Gott meine ich natürlich, dass Jesus nur die Menschen liebt, die so etwas Grausames niemals tun und auch niemals zulassen würden. Das Gleiche gilt auch für Menschenmord.
Bei Jesus von Nazareth gibt es keinen Unterschied zwischen Menschen- und Tiermord.
Auch fleischessende Menschen liebt Jesus nicht.

Und wenn die Institution Kirche der Meinung ist, die Morde gelten nicht mehr, die sie „vollbracht" hat, dann irrt sie gewaltig:

„Morde verjähren nicht."

Und schon gar nicht bei Jesus von Nazareth.

Der bestialische Mord an meiner geliebten Ente Oscar und die vielen anderen Tier- und Menschenmorde haben Gott Vater und Jesus von Nazareth dazu bewogen, das

„Vater unser"-Gebet

abzuändern.

Unser Vater, der du bist im Himmel, geheiligt sei dein Name. Dein Reich komme. Dein Wille geschehe auf Erden wie im Himmel. Unser tägliches Brot gib uns Tag für Tag und die Frucht

des lebendigen Weinstocks. Und vergib uns unsere kleinen Sünden. So mögen auch wir vergeben die kleinen Sünden anderer. Verlasse uns nicht in der Versuchung, Erlöse uns vom Bösen. Denn dein ist das Reich und die Kraft und die Herrlichkeit in alle Ewigkeit.
Amen.

Gott Vater und Jesus von Nazareth haben bewusst die folgenden zwei Sätze geändert: „und vergib uns unsere Sünden" in „und vergib uns unsere kleinen Sünden" sowie „So mögen auch wir vergeben die Sünden anderer" in „So mögen auch wir vergeben die kleinen Sünden anderer".

Erklärung:

Ohne kleine Sünden wird wohl kaum ein Mensch leben können. Wir sind alle nur Menschen und keine Engel.

Es kommt auf die Schwere der Tat an, ob Gott oder wir vergeben. Alles, was man noch als „menschlich" bezeichnen kann, kann man vergeben, vergessen und verzeihen. Aber Menschenmord und Tiermord, Kinderschändung und gleich schwere Taten haben nichts mehr mit „Menschlichkeit" zu tun. Das ist barbarisch und grausam. Und kann niemals vergeben werden, weder von Gott noch von den Menschen.

Erklärung: Wenn Gott und der Mensch solche grausamen Taten vergeben würden, dann würde das Elend auf der Welt nie aufhören.
Denn sonst kann der Mensch weiterhin Tiere und Menschen morden und gleich schwere andere Taten vollbringen, so viel er will, es wird ihm ja vergeben!
Nein, so geht das bei Gott Vater und Jesus von Nazareth nicht!!!

Dann rettete ich zwei Tiere vor dem Schlachthof. Es waren zwei Entenmännchen. Aber sie haben sich leider nicht verstanden. Und ich war gezwungen, eine Ente abzugeben. So kam Ente Anton in den Gnadenhof der Prophetin Gabriele, und die Leute, die den Gnadenhof betreuen, sind echte Christen. Anhänger von Jesus.
Die Prophetin schickte mir Unterlagen über Jesus, über sein Leben und über seine Religion. Jesus war sehr tierlieb. Hat Tiere gerettet, wo er eben konnte. Er war gegen jede Gewalt. Menschen ermorden, Tiere essen – so etwas hat es für ihn, seine Familie und seine Anhänger nicht gegeben.
Jesus kann gar nichts mit dem Massenmördervolk Kirche zu tun haben. Das was mein erster Gedanke.
Dann erinnerte ich mich, dass ich ihn so angeschrien hatte. Ich versuchte, mich bei ihm zu entschuldigen.
Aber Jesus sagte nur: „Ich habe dir meine Leute besorgt. Sie leben nach meiner Religion. Ich habe mit der Kirche und deren Machenschaften nichts zu tun."

Zum ersten Mal in meinem Leben habe ich mir Ostern 2006 sämtliche Filme im Fernsehen über Jesus angeschaut und es kam ein Film über Paulus. In dem Film wurde gezeigt, dass Paulus die gleiche Scheibe gesehen hat, die ich zuvor gesehen hatte. Ich war so erschrocken. Ich dachte, ich glaube das nicht. Aber was will man mir damit sagen?

Anfang Mai 2006 rätselten die Menschen im Fernsehen, in den Kinos, in den Medien darüber, ob Jesus mit Maria Magdalena eine Beziehung hatte. Ich fragte Jesus, er soll mir doch die Wahrheit sagen.
Jesus: „Maria Magdalena ist die größte Liebe meines Lebens bis über den Tod hinaus. Die Liebe zu Maria Magdalena ist unsterblich."

Im Juni/Juli 2006 war ein Familienmitglied zwei Wochen im Iran. Und vorher hatten wir besprochen, dass wir Pünktchen (meine zweite Ente) in einen Gnadenhof bringen, weil sie so alleine ist. Ich wollte Pünktchen unbedingt in einem bestimmten Gnadenhof in Österreich unterbringen. In der letzten Iranwoche wollte ich im Gnadenhof anrufen, aber eine Stimme sagte zu mir: „Nicht fahren."
Ich war erstaunt, aber sie sagte: „Nicht fahren."
Ich sagte: „Aber sie retten doch Tiere."
Ich bekam keine Antwort.
Ein paar Tage später war mir, als wenn mir jemand eingibt, ich soll den Fernseher anmachen. Und da kam ein Film über diesen Gnadenhof. Ich habe mir den Film angesehen. Sie retten Tiere: wunderbar.
Aber am Schluss des Films wurde gegrillt. Fleisch gegrillt. Ich war fassungslos. Wie kann man Tiere retten und Tiere essen?
Ich danke dir Jesus, dass du mich gewarnt hast.

Ich habe Jesus gebeten, mir einen Beweis zu schicken, dass er es ist, der mir so nahesteht. Daraufhin kam die erste Vision: Es passierte etwas Schreckliches. Ich wachte Anfang September 2006 morgens auf und dachte: Was war denn das? Ich schlief nicht, ich war aber auch nicht wach und sah etwas Entsetzliches, alles Blut, Blut, Blut, auf der linken Seite wie Wolken, Gelb mit Orange drin und Grau. Ich habe es niemandem erzählt. Am nächsten Tag war mir, als wenn mir jemand eingibt, ich soll den Fernseher anmachen, und da kam ein Film über Jesus: Blut, Blut, Blut, der ganze Film handelte nur vom Blut Jesus.

War das ein Bruchteil von Sekunden meine Rückführung? Sollte der Beweis, um den ich ihn gebeten hatte, in einer Rückführung liegen?

War ich vielleicht Zeitzeuge?

Ich ging mit meinem Hund Ricky am 20.08.2006 spazieren. Wir kamen an einem Bauernhof vorbei. Auf der gegenüberliegenden Straßenseite seines Hofes hat dieser Bauer ein eingezäuntes Stück Wiese und jedes Jahr sind so um die Zeit vor Weihnachten dort Gänse untergebracht, wunderschöne, stolze, junge Tiere. Aber immer, wenn ich mit Ricky dort vorbeiging, packte mich die grenzenlose Wut über diesen Bauern, denn ich wusste ja, was mit den armen Tieren in nächster Zeit geschehen sollte. Ich schaute immer hinüber zu dem Bauernhof und sagte sogar laut, was ich von so einem Menschen halte. Ich verstehe nicht, dass es solche Menschen gibt, die mit armen wehrlosen Tieren Geld verdienen.
Ich habe mich immer wieder gefragt:

„Wie kann man mit blutverschmiertem Geld
Weihnachten feiern?“

Dann ging ich mit Ricky so ca. 50 m weiter und sah plötzlich ein schwarzes Kreuz da stehen, riesengroß. Ich freute mich sehr und sagte zu Jesus: „Jetzt bist du mir aber sehr nahe. Ich bringe dir am 24. Dezember zu deinem Geburtstag eine Rose.“

Das Kreuz war schwarz, der Leib war in Gold, auch die Krone war in Gold.

Ein paar Tage später sagte ich zu Ricky: „Komm, wir schauen mal, ich möchte das Kreuz nochmal sehen und schauen, wo ich die Rose am besten hinlegen kann." Wir kamen dorthin, da stand kein Kreuz. Ich hatte es aber mit eigenen Augen gesehen. Und da dachte ich zum ersten Mal, ich spinne. Wenn ich es nicht so deutlich und riesengroß gesehen hätte. Danach ging ich täglich mit Ricky hin. Aber es war nicht da. Das könnte mich verrückt machen, aber dazu bin ich zu stark. Das stehe ich durch.

Ende Oktober 2006 sprach ich mit Jesus. Ich erzählte ihm, dass Ricky sehr krank ist und dass ich seinen Hund retten muss. Gleichzeitig hatte ich auf der linken Halsseite eine starke Schwellung. Ich habe ihm aber nichts davon erzählt. Ich dachte nur, meine Güte, Ricky krank und ich auch noch, das schaffe ich nicht. Ich entschied mich für Ricky, ihn zu retten. Am nächsten Tag wurde ich morgens wach und dachte: Ach du lieber Schreck, Ricky krank und ich auch noch. Aber als ich so am Hals fühlte, war die Schwellung ganz weg. Wie weggezaubert. Und da erinnerte ich mich an das Gespräch mit Jesus.

Ich überlegte dann, was ich zu ihm gesagt hatte. Ich hatte die Schwellung doch gar nicht erwähnt. Ich hatte gesagt: „Ich muss deinen Hund retten." Ja, das habe ich gesagt: „Ich muss <u>deinen</u> Hund retten."

Jesus von Nazareth hat vor 2000 Jahren gesagt:

„<u>Alle</u> Tiere auf der Welt sind meine Geschöpfe."

Vor ein paar Tagen hatte ich bei einer Firma einige Dinge für Ricky bestellt. Es war unter anderem etwas mit Alkohol dabei. Ich bin gar nicht dafür, dass man Tieren Mittel mit Alkohol gibt. Aber ich schwankte, Ricky die Arznei zu geben, weil wirklich gute Sachen in der Arznei waren.
Abends fasste ich Ricky an und bemerkte zwei Knoten, je einen auf jeder Seite neben dem Schnäuzchen. Ich war erschrocken und wusste sofort, was das bedeutet. Ich sollte ihm die Mittel nicht geben. Am nächsten Morgen war es das Erste, dass ich Ricky abgefühlt habe, ob die zwei Knoten, die ich tatsächlich am Abend vorher gefühlt hatte, noch zu ertasten waren. Sie waren nicht mehr da. Ich schüttete sofort alles weg und wusste, Jesus hat mir wieder geholfen.

Ich hatte vor Monaten (Mitte September 2006) eine Vision, die ich überhaupt nicht deuten konnte. Ich sah Jesus am Kreuz, aber nur seinen Oberarm von der Schulter bis zum Ellenbogen. Und ich sagte: „Das Fleisch lebt, das Fleisch lebt." Dann war die Vision weg. Ich konnte überhaupt nichts damit anfangen. Bis gestern, 17. Dezember 2006. Mir war wieder, als sollte ich den Fernseher anmachen. Es kam ein Film. Experten von heute haben herausgefunden, dass Jesus noch lebte, als man ihn vom Kreuz nahm. Der angebliche Essig, den ein Wärter ihm gab, war ein Auszug aus einer Pflanze, die wie Essig schmeckt, den Menschen betäubt und ihn in einen todesähnlichen Schlaf versetzt. Und da habe ich zum zweiten Mal gedacht, war ich Zeitzeuge? War ich dabei, als man Jesus vom Kreuz abnahm und ein Muskel in seinem Oberarm sich bewegte und ich wusste, er lebt? Darum rief ich: „Das Fleisch lebt, das Fleisch lebt." (So würde ich mich heute, 2006, nie ausdrücken. Das nur nebenbei)

„Jesus von Nazareth hat die
Römer vor 2000 Jahren
schon besiegt."

Am 24. Dezember 2006 abends gegen ca. 22 Uhr brachte ich Jesus eine Rose ans Visionskreuz. Ricky war dabei. Es war sehr schön.

Irgendwann im Dezember hatten wir ein Gespräch. Ich sagte zu Jesus: „Wenn sich herausstellt, dass ich vor 2000 Jahren Maria Magdalena war, dann heiraten wir. Diesmal kommt nichts dazwischen. Wir haben 2006. Und 2006 fragen auch die Frauen die Männer, ob sie sie heiraten.
Ich frage dich Jesus, möchtest du mich heiraten?“ Keine Antwort

Am 31. Dezember 2006 morgens fuhr ich am Visionskreuz vorbei und bat Jesus, doch mal wieder etwas von sich hören zu lassen. Es sei schon so lange her.

Am Silvesterabend waren wir bei meinem Sohn Kurt und dessen Ehefrau Petra eingeladen. Nach 12 Uhr nachts machten wir Bleigießen.
Ich bekam einen Ring, symbolisch natürlich. Das schönste Geschenk von Jesus. Ich dankte ihm von ganzem Herzen. Ich war die glücklichste Frau der Welt.
Da wusste ich, wer ich vor 2000 Jahren war. Heute weiß ich, der Ring bedeutete nicht „ich nehme deinen Antrag an“, sondern es hieß:

„Wir sind verheiratet.“

Vor ein paar Tagen ging ich mit Ricky spazieren. Plötzlich lief mir viel Blut aus dem Mund. Ich war zutiefst erschrocken und dachte gleich an eine Wunde im Mund-Rachen-Bereich. Ich habe alles angeschaut: Zunge, Zahnfleisch, Lippe. Nichts zu finden. Nicht das Geringste. Aus dem Magen konnte es auch nicht sein, das hätte ich gespürt, wenn etwas hochgekommen wäre. Da erinnerte ich mich, dass es schon früher Menschen gegeben hat, die bluteten. An den Händen, an den Füßen. Und ich jetzt aus dem Mund. Man nennt sie Wundmale Christi. Ist man mit dem Bluten in den Kreis der Göttlichkeit aufgenommen? Kann man das so sehen?

Vor ein paar Tagen sagte ich zu Jesus: „Gib mir bitte ein Zeichen, dass du noch da bist und mich nie verlässt. Aber schick mir bitte mal etwas Schönes, nicht so was Grausames, das tut so weh."

Freitagnacht (12.01.2007) um 11.30 Uhr ging ich mit Ricky nochmal raus. Und nach einer Weile sah ich einen großen, weißen, hell erleuchteten Baum, angestrahlt von einem Licht. Wunderschön. Ich habe mich so gefreut. Ich konnte es gar nicht fassen. So wunderschön.

„Unser Baum"

Ich habe in Gedanken reingeritzt:

J + MM

Ich dankte Jesus für das wunderschöne Erlebnis.

Jesus und Maria Magdalena,
die schönste Liebesgeschichte seit 2000 Jahren

Diese Baum-Vision war aber anders als das Erlebnis mit dem Kreuz.
Bei der Vision mit dem Kreuz war ich total in einer anderen Welt. Es war in der Mittagszeit und dort ist es nicht einsam. Aber ich hörte nichts um mich herum, keine Autos, keine Menschen. Ich spürte auch die Leine von Ricky nicht. Auch sehen konnte ich Ricky nicht.

Bei der Baum-Vision war es Nacht und dunkel und ich war voll da. Ich sah Ricky laufen, sah alles um mich herum und ich sah den wunderschönen, hell erleuchteten, weißen Baum.

Eines Abends ging ich mit Ricky Gassi. Ich schaute so in den Himmel und entdeckte eine Zeichnung aus dunklen Wolken. Die Untergrundwolken waren heller. Ich hatte sofort einen Hund erkannt.
Vor dem Hund war aus dunklen Wolken ein Wagen. Ich dachte, auweh, das ist ein schlechtes Zeichen. Eine Zeichnung aus dunklen Wolken.

Und tatsächlich, Ricky ging es nicht so gut. Aber ich wusste noch nicht, was Ricky hatte. Ich danke dir, Jesus, für die Warnung. Zu dieser Zeit wusste Jesus schon, dass Ricky blind wird und dass er mal in einem Buggy (speziell für Hunde) gefahren wird.

Ihr seht, liebe Leserinnen und Leser, Jesus weiß alles im Voraus, da ahnen wir Menschen noch gar nicht, was auf uns zukommt.

Ein paar Tage später ging ich mit Ricky abends Gassi und da habe ich etwas traumhaft Schönes gesehen: Vollmond und um den Mond herum lauter bunte Strahlen.

Ganz bunt. Jeder Strahl hatte eine andere Farbe. Wunderschön anzuschauen. Da habe ich gedacht, das ist bestimmt nur für mich gemacht. Ich war so happy.
Das tut Jesus gerne, mich mit solchen herrlichen Dingen wieder aufmuntern. Er ist ein so lieber Kerl.

Und auch jetzt denke ich oft: Und der Mond war bunt.

Ich habe zu Jesus gesagt, ich möchte dich sehen, ich möchte dich unbedingt sehen. Ich halte es nicht mehr aus.
Daraufhin bekam ich ein Bild von Jesus. Ein Seitenprofil.
Jesus hat schwarze, kurze Haare. Ein Männerhaarschnitt, wie man ihn auch heute (2007) hat.
Ich habe mich so gefreut. Ich werde das Bild in meinem Herzen tragen.
Übrigens, Jesus ist ein hübscher Mann. Ich habe ihn unendlich lieb.

Als ich Jesus das erste Mal sehen durfte, war ich überglücklich.
Ich sagte vor lauter Freude: Jesus ist ja ein hübscher Mann.
Mein Gott, habe ich ein Glück.
Daraufhin hörte ich Jesus sagen: „Glück, du wirst dich wundern."

Maria Magdalena war beim letzten Abendmahl dabei.
Nur in der Nacht vor der Hinrichtung war sie nicht bei ihm. Während der Hinrichtung auch nicht. Jesus hatte einigen Jüngern befohlen, Maria Magdalena festzuhalten bzw. fernzuhalten. Denn Maria Magdalena wollte mit Jesus am Kreuz sterben. Sie wollte es mit aller Macht. Immer wieder schrie sie: „Ich will mit dir am Kreuz sterben. Ich will mit dir am Kreuz sterben.“ Aber Jesus wollte es auf keinen Fall. „Das überlebst du nicht“, hat er immer wieder gesagt.

Ich habe diese furchtbare Szene in der Rückführung von Jesus selbst erlebt. Ich war in der Welt vor 2000 Jahren.

Ende Februar 2007: Ich lag abends so gegen 11.30 Uhr in meinem Bett. Ich spreche jeden Abend vorm Schlafengehen noch mit Jesus und gebe ihm noch einen Gute-Nacht-Kuss. An diesem Abend habe ich zu Jesus gesagt: „Rabbi ich bin so müde heute Abend. Das kommt daher, weil ich so viel gelesen habe. Ich lese gerade das Buch von der Prophetin Gabriele. Das Buch, das du mir empfohlen hast. Und habe an der Stelle aufgehört zu lesen, an dem Abend vor der Hinrichtung."
Daraufhin bekam ich eine Vision. Ein Bild von Jesus mit dem Teufel.
Seine Jünger waren auch alle müde. Sie schliefen seelenruhig, während ihm vor Angst die Schweißperlen auf dem ganzen Gesicht standen. Ich habe es mit eigenen Augen gesehen. Zuerst sah ich sein Gesicht von vorne. Dadurch konnte ich die Schweißperlen sehen. Dann drehte er sich ein bisschen nach hinten. Dadurch konnte ich die hinteren Haare sehen. Jesus muss in der grauenvollen Nacht teilweise grau geworden sein. Hinten an den Haaren war alles grau.
Vor einiger Zeit hatte mir Jesus auf meine Bitte hin ein Bild von sich geschickt. Ein Seitenprofil. Auf diesem Bild hatte er schwarze Haare. Keine Spur von grauen Stellen. So hat ihn die grausame Nacht vor der Hinrichtung mitgenommen.
Auch den Teufel habe ich gesehen. Mit ihm kämpfte Jesus ja, verbal.
Der Teufel machte ihm ein Angebot: Wenn er seinen Vater verraten würde, würde er ihm das ganze Land geben. Aber Jesus hat sich entschieden, seinen Vater nicht zu verraten.

Der Teufel sieht folgendermaßen aus: normale, schlanke Statur. Haare pechschwarz, ganz kurz und krause Locken. Die Haut pechschwarz, echt, nicht angemalt. Die Augen schwarz. Die Lippen knallrot, echt, auch nicht angemalt.

Heute hat mir Jesus ein Bild geschickt. Ein wunderschönes Bild. So schön, dass ich es euch beschreiben möchte.
Jesus sitzt auf einem Esel. Er hat ein langes weißes Gewand an. Seine halblangen schwarzen Haare glänzen in der Sonne. Er strahlt Glück und Zufriedenheit aus. Unter den Füßen seines Eselchens ist hellbeiger Sand.
Hinter den beiden befindet sich eine weiße Mauer mit einem Torbogen.

Als ich das Bild sah, war ich glücklich und habe immer wieder gesagt:
„Wenn ich zu dir komme, dann zeigst du mir Israel." Denn ich bin der festen Meinung, dass hinter der Mauer Israel ist. Ich freue mich heute schon darauf, zu Jesus zu kommen, und dann zeigt er mir Israel.

Ich habe zu Jesus gesagt: „Rabbi, ich wollte doch nur mit dir glücklich sein. Eine Hütte am See, ein bis zwei Kinder, du bist Prediger. Mit dir leben, mehr wollte ich vom Leben nicht."

Anfang März 2007 ging ich mit Ricky raus. Und vor meinem Haus wurde mir auf einmal schlecht. Das Schlechtsein war, als wäre ich in anderen Umständen.
Ich wusste sofort, ich bekomme ein Baby von meinem geliebten Rabbi. Ist das nicht wunderbar? Ich bin so glücklich. Ich werde es Jesus gleich erzählen. Als ich abends in meinem Bett lag und Jesus kam zu mir, habe ich es ihm erzählt. Ich habe gesagt: „Rabbi, Rabbi wir bekommen ein Baby. Ich bin die glücklichste Frau der Welt. Ich danke dir von ganzem Herzen für dieses wunderschöne Geschenk."
Jesus hat sich auch riesig gefreut. Wir können den Tag der Geburt kaum erwarten.

Eine Woche später. Ich liege in meinem Bett. Und da sehe ich zwei Lichtwesen. Zwei kleine, hell erleuchtete Scheiben von vielleicht 5 cm Durchmesser. Sie können sich sichtbar und unsichtbar machen. Sie können sich auch in Menschengestalt verwandeln, so wie sie es gerade möchten oder brauchen.
Plötzlich packt mich ein Lichtwesen an den Beinen, ganz kräftig, schiebt meine Beine so aufrecht. Mein Oberkörper ging nach vorne.
Und nach einiger Zeit noch mal das Gleiche. Man hat mich gepackt, Beine nach oben, Oberkörper nach vorne.
Das waren zwei Geburten.

Jesus und Maria Magdalena sind verheiratet und haben zwei Kinder.

Ein paar Tage später bekam ich von Jesus ein sehr schönes Bild.
Auf dem Bild sah man eine Wand aus Wolken mit einer riesengroßen Öffnung. Und durch diese Öffnung sah man einen großen See. Traumhaft schön.

Maria Magdalenas Traum hat sich erfüllt.

Sie ist mit Jesus verheiratet.
Sie haben zwei Kinder miteinander
und leben an einem
wunderschönen See.

Verheiratete Priester gibt es in der katholischen Kirche nicht. Aber Martin Luther wollte für sich und seine Leute das Heiraten übernehmen. Mit Beweisen, dass auch Jesus von Nazareth verheiratet war, ist er nach Rom gefahren. Die Beweise wurden vom Vatikan nicht anerkannt.

Die Kirche verleugnet die eigene Familie von Jesus von Nazareth,

seine eigene Frau und seine
eigenen Kinder.

Jesus von Nazareth hat die Rückführung mit mir gemacht, dass endlich die Wahrheit ans Tageslicht kommt.

Jesus von Nazareth ist mit Maria Magdalena verheiratet und sie haben zwei Söhne:

Matthäus und Petrus

Auf Kabel 1 am 24.03.2007 um 22.25 Uhr lief im Fernsehen der Film

„Stigmata".

Am Schluss des Filmes wurde ein Dokument in aramäischer Schrift mit der Handschrift Jesu gezeigt. Dieses Dokument beinhaltet „die Lehre Jesu".

Der Vatikan erkennt dieses Schrifttum nicht an. Ich hoffe, dass der Vatikan die Handschrift Jesu endlich mal kennenlernt. Nicht nur, dass Ratzinger (selbsternannter Vertreter von Jesus und seinem Vater) um Haaresbreite einen Krieg zwischen dem Islam und seiner Religion angezettelt hat. Nein, auch für eine Verhöhnung ist er sich nicht zu schade.

Ein Reporter fragte Ratzinger, welche Lieblingsspeise er hätte. Daraufhin antwortete Ratzinger:

„Schlachtplatte."

Ich empfand es als eine totale Verhöhnung Jesus gegenüber. Jesus war vor 2000 Jahren Vegetarier. Seine Lehre beinhaltete den Vegetarismus, und dieser Ratzinger behauptet: Er ist der Vertreter von Jesus von Nazareth.
Ich glaube, jeder Kommentar ist da überflüssig. Ich bin nicht die Einzige, die Fernsehen schaut. Millionen von Menschen haben es auch gehört.
Jesus von Nazareth hat vor 2000 Jahren gesagt:

„Niemand auf der ganzen Welt darf sich

‚Heiliger Vater'

nennen. Nur mein Vater im Himmel ist der

‚Heilige Vater'."

Wie nennt sich der Papst Ratzinger?

„Heiliger Vater“.

Ein totales weiteres Verbrechen.

Ich kann mich noch gut an die Reise nach Ägypten erinnern. Bei den Sehenswürdigkeiten angekommen lernte ich einen jungen hübschen Ägypter kennen. Wir kamen ins Gespräch. Wir lachten und scherzten.
Er mochte mich. Das merkte ich sofort.
Und plötzlich schenkte er mir einen Stein. Einen wunderschönen, ganz runden Stein.
Ich war verwundert. So etwas hat mir noch niemand geschenkt. Heute verstehe ich die Bedeutung dieses Erlebnisses. Es war das Symbol der Steinigung.

Am gleichen Tag erlebte ich noch etwas sehr, sehr Schönes. Ich befand mich plötzlich inmitten von ca. zehn Hunden. Das war traumhaft. Das war symbolisch für die übergroße Liebe der Maria Magdalena zu den Tieren.
Ein großer schwarzer Hund aus dem Rudel begleitete mich noch bis zu einem kleinen Abhang. Dann blieb er stehen und schaute mir nach, bis er mich nicht mehr sehen konnte.

Heute noch, wenn ich an ihn denke, kommen mir die Tränen. Und ich denke, wie mag es ihm gehen? Ist er schon im Hundehimmel?

Ich wollte mal abschalten und hatte vor, ein paar Tage wegzufahren. Ich hatte mich entschlossen, nach Paris zu fahren. Aber die Fahrt nach Paris war total ausgebucht. Nur die Fahrt nach Rom war noch frei. Schade, aber ich wollte einfach mal weg und so entschied ich mich für die Busfahrt nach Rom.

Rom ist eine schöne Stadt mit vielen romantischen Brücken.
Hat mir gut gefallen.
Was mir gar nicht gefallen hat, war Folgendes:
Vor dem Vatikangebäude standen arme Pferde in der glühenden Mittagssonne. Die armen Wesen müssen den ganzen Tag bei der Hitze durch die heiße Stadt Urlauber kutschieren und dann, wieder am Vatikan angekommen, stehen sie in der glühenden Sonne. Kein schattiger Unterstand. Wenigstens für die Zeit, bis sie wieder loskutschieren müssen, wäre ein schattiger Platz angebracht. Wenn ich Geld gehabt hätte, ich hätte den Tieren sofort einen überdachten Platz bauen lassen.
Aber ich hatte ja kein Geld. Aber der Vatikan ist so reich, was würde es ihm ausmachen, den armen Tieren eine Überdachung bauen zu lassen. Aber sie sehen so etwas von ihren Vatikan-Fenstern aus nicht.

Über meine Mitreisenden war ich auch sehr enttäuscht. Das einzige Gespräch war: die schöne prunkvolle mit Gold und Edelsteinen und anderen Kostbarkeiten behangene Prunkbau-Kirche. Ich habe mir die Kirche erst gar nicht angeschaut.
Heute (2007) kenne ich Jesus sehr gut und weiß, dass er sich für solchen Prunk nicht interessiert.

Aber die armen Pferde hätte er bemerkt, und dafür gesorgt, dass es ihnen besser geht. Davon bin ich heute überzeugt.

Gestern kam im Fernsehen ein Bericht, dass täglich 30 000 Menschen an Hunger in Afrika sterben.
Was ahnt ihr, was Jesus von Nazareth jetzt sagen würde.
Und da besitzt der Ratzinger (Papst) die Frechheit und fordert die Menschen am Bildschirm TV auf, sie sollen für Afrika spenden.

Er soll sich schämen, bei dem Reichtum der Kirche Menschen zum Spenden aufzufordern.
Da bekommt man tatsächlich den totalen Einblick, dass die Kirchensteuern nur zum „Reichtum-Scheffeln" verwendet werden.

Ich kann mich noch an eine schöne Reise (Süden) erinnern. An einem wunderschönen sonnigen Tag machte ich mit einer Reisegruppe einen Ausflug in eine Schlucht, wo man einen Berg hinaufsteigen konnte. Rauf bin ich gekommen, aber runter vom Berg war eine Qual. Ich hatte dummerweise die verkehrten Schuhe an. Mir taten dermaßen die Füße weh, ich konnte nicht mehr laufen. Alles Blasen und wunde Stellen an den Füßen. Die Reiseleitung orderte per Funk ein Eselchen mit Führer an. Ich freute mich über das Eselchen. Aber es hatte so dünne Beinchen. Daher wollte ich nicht, dass es mich aus der Schlucht tragen musste.
Als ich auf dem Eselchen saß, rief ich immer zu dem einheimischen Führer: „Hallo, hallo." Aber er hörte nicht. Immer wieder rief ich: „Hallo." Ich wollte, dass er mich absteigen ließ. Ich wäre lieber mit Schmerzen gelaufen, als dass das süße Eselchen mit seinen dünnen Beinchen mich über das Geröll tragen musste.

Auch ich bin auf einem Eselchen geritten, wie Maria Magdalena vor 2000 Jahren.

März 2007: Mein Hund wollte mal wieder Autofahren. Autofahren ist seine Leidenschaft. Ich setzte mich ins Auto und fuhr so durch die Gegend und achte überhaupt nicht auf die Tankanzeige. Meine Tankanzeige blinkt nicht auf, wenn der Tank fast leer ist, so wie bei manch anderen Autos. Plötzlich auf der B2 fängt der Wagen an zu stottern. Ich schau auf die Tankanzeige und erstarre. Kein Benzin mehr drin. Ich habe Blut geschwitzt. Ich bin noch mit einem stotternden Auto in einen Weg rein. Nach ein paar Minuten dachte ich, versuch es doch noch mal. Ich starte und der Motor lief sofort. So, als wenn der Tank voll wäre. Aber ich war kaum mit den Rädern auf der B2, fing der Wagen wieder an zu stottern. Und wieder habe ich Blut geschwitzt und immer wieder gesagt: „Bitte, bitte nicht auf der B2 stehen bleiben. Auf einer anderen Straße, aber nicht auf der B2.“ Ohne Benzin fuhr der Wagen noch eine ganze Strecke, bis in eine Einbuchtung hinein. Die Strecke kam mir vor wie eine Ewigkeit.
Ich habe das alles nicht fassen können.
Das war eine Meisterleistung.
Das konnte nur Rabbi sein. Nur einer kann ohne Benzin fahren, und das ist Jesus.
Jesus beweist mir immer wieder, wie mächtig er ist.

Ich renne so gerne. Das habe ich immer schon gerne gemacht. Und am liebsten renne ich in meinem Fitnessstudio im Keller auf einem elektrischen Laufbandgerät. Und das bei heißer Musik. Das ist so schön und das putscht so herrlich auf. Aber Jesus mag das überhaupt nicht. Ich kann dann machen, was ich will, aber der Kassettenrekorder läuft dann nicht. Er ist nicht kaputt. Aber Jesus blockiert ihn und dann läuft er nicht. Jesus hat mir zu verstehen gegeben, dass Yoga super ist. Strafft den Körper. Man wird ruhiger usw. Daraufhin habe ich mir ein Buch über Yoga gekauft und arbeite danach. Tatsächlich, Jesus hat recht. Yoga ist wunderbar.
Ich möchte es nicht mehr missen.
Jesus hat vor 2000 Jahren schon Yoga gemacht. Natürlich viel, viel besser als ich.

Also Leute, macht Yoga.
Ein Tipp von Jesus!

Ende März 2007 hatte ich nachts eine Vision im Tiefschlaf. Da Jesus Gedanken lesen kann, weiß er, dass ich mir ein Fahrrad kaufen möchte. Mit Anhänger für Ricky. Ich habe ihm noch nichts davon erzählt. Es sollte eine Überraschung sein. Aber Jesus kann man nicht überraschen. Er als der mächtigste Mann der Welt weiß ja alles.
Die Vision sah folgendermaßen aus:
Jesus saß auf einem Fahrrad. Er war sehr blass. Wir schauten uns beide an. Da wusste ich, er fährt überall mit mir hin. Ich freue mich darauf. Aber auf dem Bild war noch etwas zu sehen. Uns schräg gegenüber stand ein großer, schwarzer Laster = Last? In ein paar Tagen ist Karfreitag. Ich habe Angst vor diesem Tag. Ich werde in Gedanken bei ihm sein. Ich lasse ihn nicht im Stich. Ich werde die Last mit ihm tragen.

Ich hatte Jesus gebeten, mir ein Bild von Maria Magdalena zu schicken. Ich habe eins bekommen. Danke Jesus, ich habe mich darüber sehr gefreut. Das Bild ist eine große Überraschung. Die Menschen werden es kaum glauben.

„Maria Magdalena ist blond."

Echt blond.
Ich finde es herrlich. Ich mag blond.

Ich lernte vor langer Zeit mal Eiskunstlaufen, und der damalige Trainer sagte zu mir: „Hast du schon mal einen blonden Griechen gesehen?" „Nein", antwortete ich. Die Griechen, die ich in meinem Leben gesehen habe, waren alle schwarzhaarig. „Ja", sagte der Trainer. Seine Schwester ist mit einem Griechen verheiratet und der ist blond. Ja, so etwas gibt es im Leben.

Als die Prophetin Gabriele mir vor langer Zeit Unterlagen über die Lehre Jesu zuschickte, war ich ganz begeistert von den echten Christen. Und da dachte ich mir, es wäre doch schön, wenn man im täglichen Leben erkennen könnte, dass mein Gegenüber ein echter Christ (also Jesusanhänger, nicht Kirchenanhänger) ist. Ich wollte damals schon der Prophetin schreiben und ihr vorschlagen, ein Medaillon zu entwerfen. Wie wäre es mit einem „Fische-Medaillon"? Die frühen Christen verehrten das Tierkreiszeichen der Fische.

Jesus, ihr Ichthys (griechisch „Fisch"), wurde als Kyrios (griechisch „Herr") des anbrechenden Zeitalters der Fische stilisiert. Das Symbol für das neue Zeitalter bestand nicht in einem einzelnen Fisch, sondern in zwei Fischen. Maria Magdalena verkörpert diesen „anderen Fisch" aus dem Tierkreiszeichen, das als ein „Partnerschaftszeichen" betrachtet wurde.

Wäre das nicht wunderbar, als echter Christ dieses Medaillon zu tragen in Erinnerung an Jesus und Maria Magdalena?

Und so soll das Medaillon aussehen:

Das Ichthys-Symbol besteht aus zwei gekrümmten Linien, die einen Fisch darstellen, über dessen Schwanzflosse sie sich kreuzen.

Jesus hat mir heute einen Dämon gezeigt. Ein süßes kleines Monster in Menschengestalt. Er lachte mich verschmitzt an. Jetzt im Nachhinein weiß ich, wer es schuld war, dass mir ein paar Tage lang alles aus den Händen gefallen ist, Löffel, Gabel, Messer, Handtücher und noch so einiges. Ich konnte mir das gar nicht erklären. Ich war sehr wütend auf mich, dass mir dauernd etwas zu Boden fiel.
Komisch fand ich das schon. Aber ich hatte keine Erklärung dafür. Jetzt weiß ich natürlich, wer dahintersteckt: der kleine Kobold, der mich so frech angrinste. Also gibt es die Dämonen tatsächlich. Soviel ich weiß, gibt es gute und böse Dämonen. Ich betrachte meinen kleinen Kerl als guten Dämon. Mal jemanden ärgern, ist ja nicht so schlimm, und heute, da ich weiß, wer er ist, kann ich sogar darüber lachen. Ich bin froh, dass es ihn gibt. So habe ich jemanden, der auch mal Spaß macht. Nur ein Name für ihn fällt mir nicht ein. Ich habe die Sendung „Meister Eder und sein Pumuckl" im Fernsehen wahnsinnig gerne gesehen. Ich glaube, ich habe keine Sendung ausgelassen. Ich fand den Pumuckl so drollig. So muss man sich meinen kleinen Kobold vorstellen, vom Wesen her genau wie Pumuckl. Das Aussehen von meinem Kobold ist natürlich anders als das Aussehen von Pumuckl.
Pumuckl, der Name gefällt mir sehr gut. Aber so kann ich meinen kleinen Lausbub ja nicht nennen. Vielleicht fällt mir noch ein Name ein. Wie wärs mit Tobi?

Also gibt es diese Plagegeister tatsächlich, die einen so ein bisschen aus Spaß ärgern. Und die hat „Meister Jesus" täglich um sich. Der Arme!

Das war ein lustiges Erlebnis. Danke, Jesus!

Hallo, Jesus. Ich freue mich auf mein Fahrrad. Du auch?
Wo fahren wir hin?
Was bedeutet der 20.08.2007?

Heute hat mir Jesus die Seele gezeigt.
Tatsächlich!
Wir Menschen haben eine Seele.
Vor Kurzem hatte ich in dem Buch von der Prophetin Gabriele gelesen, dass wir Menschen eine Seele haben.
Ob wir Menschen eine Seele haben, darüber diskutierte man ja schon immer. Aber Beweise hatte der Mensch nicht.

Es ist Tatsache, die Seele ist eine runde Scheibe von ca. 5 cm Durchmesser und hat einen dickeren Faden von ca. 10 bis 12 cm Länge.
Die Seele ist unsichtbar. Darum sieht auch kein Arzt (Chirurg) die Seele, wenn er den menschlichen Körper aufschneidet.
Nur einer kann die Seele sichtbar machen, und das ist

J e s u s !

Danke Jesus für diese interessante Information.

Hilfe, Ricky hat eine Zecke. An der unteren Lippe. Wie soll ich die entfernen? Ricky hält doch nicht still. Na ja, ich musste es ja versuchen. Aber wer Ricky kennt, weiß, dass das nicht so einfach ist.

Jesus muss mich beobachtet haben.
Ich werde so leicht nervös. Es klappte und klappte einfach nicht.
Ich wollte Ricky ja auch nicht wehtun.

Aber plötzlich war die Zecke weg. Ich habe mehrere Male hingeschaut, aber sie war weg. Ich war doch gar nicht an der Zecke dran. Ich schau in den Kopf der Zeckenzange und tatsächlich: Da war die Zecke. So schnell konnte ich gar nicht schauen. Ich habe das gar nicht mitbekommen. So schnell macht Jesus das.
Das hätte ich niemals geschafft.
Jesus ist super!

Danke, danke, Jesus! Du bist wunderbar!

Ich habe mich die ganze Zeit gefragt: Warum verheimlicht die Kirche die Ehe von Jesus von Nazareth und verheimlicht seine zwei Söhne?

Warum?

Dann habe ich recherchiert. Ich habe nur eine Erklärung dafür:

„Es wird verheimlicht, damit die Nonnen sagen können, sie sind mit Jesus verlobt." Mit einem verheirateten Mann können sie ja nicht verlobt sein, auch nicht symbolisch.

Für so ein schwachsinniges Motiv die Familie von Jesus von Nazareth zu verleugnen, das ist schon „Schizophrenie".
Die Familie eines Gottes verleugnet man nicht. Das ist ein weiteres Verbrechen.

Jesus ist Gott!

Hurra! Ich habe ein Fahrrad mit Anhänger für Ricky.

Ich fahre gerne Fahrrad und Ricky ist gerne im Anhänger. Es macht uns beiden einen Riesenspaß.
Am liebsten fahre ich zum See.
Heute ist der 20.08.2007. Bis jetzt habe ich immer gerätselt, was der 20.08.2007 bedeutet.
Jetzt weiß ich es: Am 20.08.2006 ist Jesus von Nazareth bewusst in mein Leben getreten. Und der 20.08.2007 ist unser erster Jahrestag.
Ich habe mir das Datum 20.08.2006 nicht gemerkt, weil ich viel zu aufgeregt war. Als es mir bewusst war, dass es 100%ig Jesus von Nazareth ist, bin ich sogar in Panik geraten. Ich weiß es noch ganz genau, wie ich (2006) in voller Aufregung bei der Prophetin Gabriele angerufen habe und von ihr einen gewissen Rat und Beistand haben wollte. Ich dachte damals, ich und der mächtigste Mann der Welt, das schaffe ich nicht. Aber das junge Mädchen am Telefon im Vorzimmer der Prophetin stellte mich einfach nicht durch.
Sie sagte: „Was meinen Sie, wie viele Leute hier anrufen und sagen, sie haben einen Draht nach oben?“ Und sie sagte noch einiges und damit war das Gespräch beendet.

Und so musste ich mit allem alleine fertig werden.

Am 20.08.2007 sind wir drei, Jesus, Ricky und ich, zum See gefahren.

Es war sehr schön. Jesus hat mich mit einigen Tieren überrascht.
Das war herrlich. Ich liebe Enten, Gänse und Schwäne.
Auch der Kuchen, den ich eigens für Jesus gebacken habe (ein Dattelkuchen aus der Zeit Jesu) hat gut geschmeckt.
Das Wetter hat auch mitgemacht.
Es war ein schöner Tag.

„Unser erster Jahrestag“
Danke, Rabbi!
Ich liebe dich.

Ein paar Tage später las ich in der Zeitung, dass Ratzinger sich in Bayern aufhält und dort eine Rede halten wollte, aber die Sprechanlage ging nicht!!!

Ich wusste sofort, das konnte nur mein Rabbi sein. Jesus hat die Sprechanlage blockiert. Das ist die Handschrift Jesu.

Jetzt hat Ratzinger die erste Handschrift Jesu kennengelernt. Ich hoffe, es folgen noch einige.

Übrigens, ein tolles Geschenk von Jesus zu unserem

„ersten Jahrestag"!

Danke!

Deine

Maria Magdalena

Meine Schwester hat mich besucht. Sie ist sehr krank. Es geht ihr aber nach der Operation etwas besser.
Ich habe ihr erzählt, dass ich eine Verbindung zu Jesus von Nazareth habe. Sie hat nichts geglaubt. Aber auch gar nichts. Ich sagte zu ihr, dass Jesus unser Gespräch mit anhört.
Sie hat sich vor langer Zeit mit ihrem damals noch lebenden Mann in Spanien einen Stierkampf angeschaut. Sie hat es mir selbst erzählt. Die ganze Familie wusste es. Wir waren damals alle schockiert.

Jetzt sagt sie, sie hätte sich keinen Stierkampf angeschaut. Mich anlügen, das tut mir nicht weh. Aber wenn man meinen Rabbi anlügt, das tut mir sehr weh. Meine Schwester möchte Kirchenanhänger bleiben. Sie will Kirchenanhänger bleiben, damit sie weiterhin Tiere essen kann. Als Jesus-Anhänger geht das absolut nicht.
Meine Schwester und alle Menschen auf der Welt haben sich nach ihrem Tod vor Jesus von Nazareth zu verantworten, dass sie seine Geschöpfe gegessen haben.
Die Menschen essen seine Tiere und bekommen in ihrer Todesstunde die Absolution ihrer Sünden durch einen Priester der Kirche. Die Absolution von der Kirche ist ungültig. Sie ist von der Kirche frei erfunden. Sie gilt bei Jesus von Nazareth nicht.
Auch die Beichte ist von der Kirche frei erfunden. Auch sie wird von Jesus von Nazareth nicht anerkannt. Jede Seele eines Menschen kommt so nach oben zu Jesus von Nazareth, wie sie ist:

ohne Beichte und
ohne Absolution.

Jesus von Nazareth erkennt weder die Beichte noch die Absolution der Kirche an. Das ist die zweite und die dritte Handschrift von Jesus von Nazareth.

Man muss sich die Seele wie einen Computer mit einer unendlichen Festplatte vorstellen, die alles Gute und Böse speichert bis zum Tode.
Und nur einer kann das Gespeicherte abrufen, und das ist:

Jesus von Nazareth.

Ich hatte mit Jesus ein Gespräch. Ich sagte zu ihm: „Jesus, ich kann einfach nicht glauben, dass Judas, einer unserer eigenen Leute, dich verraten haben soll. Wir haben doch miteinander gelacht, geweint, gefeiert. Jeder wusste vom anderen alles. Ich kann es einfach nicht glauben."
Jesus antwortete mir nicht.
Ich kenne Jesus gut und weiß, wenn er nicht antwortet, dann bekomme ich auf andere Art die Wahrheit.
Und so war es auch!

Meine Schwester war zu Besuch. Und sie bewohnte für die Zeit, wo sie hier war, das Zimmer, in dem Ricky und ich sonst schlafen. Ich schlief mit Ricky so lange im Schlafzimmer und Kurt schlief in seinem Arbeitszimmer.

Ich hatte die Unterlagen, mein Manuskript zu unserem Buch, Rabbi, und mein Buch in dem Schrank im Zimmer meiner Schwester. Ich hatte den Schrank abgesperrt.
Aber eines Tages schloss ich den Schrank am Abend auf, um die Unterlagen zu vervollständigen usw. Ich hatte danach vergessen, den Schrank wieder abzusperren.
Irgendwann muss meine Schwester bemerkt haben, dass der Schrank offen ist, und hat, so neugierig sie ist, die Unterlagen gefunden. Und ohne mich zu fragen, hat sie alles gelesen. Das wäre ja noch nicht ganz so schlimm gewesen, wenn sie dann geschwiegen hätte. Aber nein, dann ging sie hin und hat alles per Handy ihrem Sohn durchgegeben. Das nenne ich schlichtweg

Verrat.

Verrat von den eigenen Leuten.

Wie bei Jesus vor 2000 Jahren.

Also stimmt es:

Judas hat Jesus verraten!

14. Februar

Im Mittelalter galt der 14. Februar in einigen Gegenden als Unglückstag, da er der Geburtstag des Judas Ischariot, des Verräters von Jesus, sein soll. Alles, was man an diesem Tag anfasste, ging schief.

Wer an diesem Tag geboren wurde, sollte kein Glück haben.

Meine Schwester Irene ist am

14. Februar

geboren.

Ist das „Zufall"? Oder?

Ich kann manchmal unheimlich unvernünftig sein. Ich trinke so gerne Kaffee. Vielleicht mal ein oder zwei Tassen zu viel. Vor Kurzem, Anfang September 2007, war mir den ganzen Tag gar nicht gut. Ich war so müde. Es war so gegen 10.30 Uhr abends. Ins Bett gehen wollte ich noch nicht. Es war mir einfach zu früh. Ich wollte, obwohl es mir nicht gutging, noch Fernsehen schauen. Und auf dem Bildschirm war eine Frau, die im Bett lag. Ich wollte umschalten, aber der Apparat ließ sich nicht umschalten. Ich konnte machen, was ich wollte, es ging einfach nicht. Bis ich begriff, dass es Jesus ist, der den Fernseher blockiert. Da wusste ich, ich soll ins Bett gehen. Das tat ich dann natürlich auch. Ich tue immer das, was Jesus möchte.
Am nächsten Tag ging es mir wieder gut.
Danke, Jesus!
Ich kann unheimlich unvernünftig sein. Das gebe ich zu.

Mich fasziniert immer wieder, dass Jesus weiß, wann es mir gut und wann es mir schlecht geht.

„Er weiß eben immer alles!“

Vor ein paar Tagen hatte ich eine Vision. Ich sah einen See und davor stand ein Mann mit Bart. Ich kannte diesen Mann nicht. Heute weiß ich, was diese Vision bedeutet. Ich war mit Ricky beim Tierarzt und dieser Tierarzt sah aus wie der Mann am See. Ich sollte diesem Arzt genau zuhören, was er über Rickys Herz sagte. Ich sollte es auch auf mein Herz beziehen. Aber ich hatte es nicht verstanden. Ich habe dem Arzt zugehört, aber nur Ricky wegen. Ich habe es nicht auf mein Herz bezogen.

Ricky bekam an dem Tag die Zähne gerichtet, Zahnstein entfernen usw. So etwas ist nicht angenehm für so ein süßes kleines Kerlchen.
Darum habe ich Ricky an dem Tag versprochen, dass ich zur Belohnung, weil er so tapfer war, am nächsten Tag mit ihm mit dem Fahrrad und Anhänger zum See fahre. Ich habe es auch getan und mein Versprechen gehalten.

Heute Morgen,

am 14.09.2007,

ging ich auf die Terrasse.

Ein süßer kleiner bunter Schmetterling lag dort. Aber er war tot.

Er war für mich der Vorbote

des Todes.

Wie man jetzt lesen kann.

Heute,

am 14.09.2007,

hat mir Jesus den Tod gezeigt.

Als ich losfuhr, sah ich oberhalb neben meinem Haus viele, viele Tauben in grauen verschwommenen Wolken. Ich habe mir nichts weiter dabei gedacht. Dass dies Unheil bedeutet, habe ich nicht geahnt.

Es begann alles so schön. Ricky war happy. Er fährt so gerne weg. Wir sind mit dem Fahrrad zum See gefahren. Auf dem Heimweg stieg ich vom Fahrrad ab. Ich hielt das Fahrrad fest und da wurde plötzlich alles dunkler. Ich konnte die Häuser noch sehen, aber es wurde immer dunkler. Ich wusste sofort, was das bedeutet. Ich erlebe meinen eigenen Tod. Jesus weiß, dass ich seit Monaten eine große Sehnsucht habe, zu ihm zu kommen. Ich habe alles im Stehen erlebt. Ich hielt das Fahrrad fest. Es war unheimlich still. Da, wo es passierte, ist es gar nicht ruhig. Sehr viel Autoverkehr. Aber es war totenstill.
Jesus hat mir lange Zeit gegeben, mich zu entscheiden, zu ihm zu kommen oder hier auf Erden noch ein bisschen zu bleiben. Plötzlich schaute ich nach rechts zu Ricky. Er schaute mich mit großen verwunderten Augen an. Als wollte er sagen:

„Mami was ist?
Was hast du?"

Da sagte ich zu Jesus:

„Rabbi, bitte hilf mir,
Rabbi, bitte hilf mir."

Und mein Rabbi hat mir geholfen. Ich bin wieder zu mir gekommen.

Es wurde langsam heller und heller. Ich setzte mich aufs Fahrrad und fuhr nach Hause.

Jesus hat mir wieder mal das Leben gerettet.

Als ich zu Hause war und über alles nachgedacht habe, hatte ich ein schlechtes Gewissen.
Warum habe ich mich so entschieden?
Jetzt wäre ich bei ihm, wo ich mich so nach Jesus gesehnt habe.
Aber als ich die großen, ängstlichen verwunderten Augen von Ricky sah, brachte ich es nicht übers Herz, Ricky im Stich zu lassen.
Und der Tag, an dem ich zu Jesus gehe, der kommt bestimmt.
Und dieser Tag ist dann ohne Entscheidung.
Darauf freue ich mich jetzt schon.

Ich habe am nächsten Tag nach dem Schmetterling geschaut, ob er noch dalag. Aber er war nicht mehr da.

Ich ging mit Ricky spazieren und da flog ein bunter Schmetterling an uns vorbei. Und er flog und flog. Auch er lebt wieder!

Der Tod sieht nicht aus, wie wir Menschen ihn uns vorstellen. Mit einem Totenkopf und einem schwarzen Gewand.

„Jesus ist das Leben

und

Jesus ist der Tod."

Das alles geschah am

14. September 2007,

Freitag um ca. 15 Uhr.

Als ich zu Hause war, hatte ich Angst, Jesus denkt jetzt, ich habe Ricky lieber als ihn. Nein, so ist es nicht. Ich habe Jesus unendlich lieb. Und ihm geht es gut da oben.
Aber Ricky und Pünktchen und alle Tiere auf der Welt brauchen mich. Dafür hat Jesus bestimmt Verständnis.

Was mir aufgefallen ist, ich habe den Tod wie Jesus am Kreuz erlebt in aufrechter Position am gleichen Tag = Freitag und zur gleichen Uhrzeit = ca. 3 Uhr nachmittags.

Es gibt nur eine Erklärung:

Maria Magdalena und
Jesus sind eins.

Gott Vater hat seinen Sohn nicht auf die Erde geschickt, damit er von den Menschen ermordet wird, sondern um die Religion,

„die Lehre Jesu“,

auf der ganzen Welt zu verbreiten.

Hiermit bietet Gott Vater der ganzen Welt seine Religion an, die Gott Vater zu Ehren seines Sohnes „die Lehre Jesu“ nennt, die auch die Religion seines Sohnes Jesus von Nazareth ist:

„die Lehre Jesu mit der
Bergpredigt und den zehn Geboten“.

„Die Lehre Jesu“ beinhaltet:
den Veganismus
keine Babys und keine Kinder taufen
die Bergpredigt
die zehn Gebote
„Du sollst nicht töten“, das gilt für alle Menschen und alle Tiere
keine Steuern erheben für eine Religion

Es kann jeder Mensch statt Kirchensteuern einen Obolus in einen bestimmten Fonds einzahlen, wenn er es möchte. Und mit diesem Geld wird sehr armen Kindern z. B. aus Slums und Tieren auf der Welt geholfen, damit kein Kind mehr in einem Slum leben muss und keine Tiere, vor allem keine Hunde, auf der Straße vegetieren müssen.

Die zehn Gebote

1. Gebot: Ich bin der Herr, dein Gott. Du sollst keine anderen Götter neben mir haben, außer meinen Sohn Jesus von Nazareth.

2. Gebot: Du sollst den Namen der Herrn, deines Gottes, nicht missbrauchen, denn der Herr wird den nicht ungestraft lassen, der seinen Namen missbraucht.

3. Gebot: Gedenke des Sabbattages, dass du ihn heiligst. Sechs Tage sollst du arbeiten und alle deine Werke tun. Aber am siebenten Tage ist der Sabbat des Herrn, deines Gottes. Da sollst du keine Arbeit tun. Und auch nicht dein Sohn, deine Tochter, dein Knecht, deine Magd, deine Tiere und auch nicht dein Fremdling, der in deiner Stadt lebt. Ausgenommen sind Ärzte und Pflegepersonal sowie Rettungsdienste.

4. Gebot: Du sollst deinen Vater und deine Mutter ehren, auf dass du lange lebest in dem Lande das dir der Herr, dein Gott, geben wird.

5. Gebot:	Du sollst nicht töten, weder Mensch noch Tier.
6. Gebot:	Du sollst nicht ehebrechen.
7. Gebot:	Du sollst nicht stehlen.
8. Gebot:	Du sollst nicht falsches Zeugnis reden wider deinen Nächsten.
9. Gebot:	Lass dich nicht gelüsten deines Nächsten Hauses.
10. Gebot:	Lass dich nicht gelüsten deines Nächsten Weibes, noch seines Knechtes, noch seiner Magd, noch seines Ochsen, noch seines Esels, noch alles, was dein Nächster hat.

Gott Vater gebietet, die ganze Welt möge nach den zehn Geboten, der „Lehre Jesu" und nach der Bergpredigt seines Sohnes Jesus von Nazareth leben.

Die Bergpredigt

Die Bergpredigt ist der innere Weg zum Herzen Gottes, der zur Vollendung führt.

„Selig im Geiste sind die Armen, denn ihrer ist das Himmelreich."

Mit den Worten „die Armen" ist nicht materielle Armut gemeint – nicht diese bringt die Seligkeit im Geiste –, sondern die Gottergebenheit, aus welcher der Mensch erfüllt, was Gottes Wille ist. Sie ist innerer Reichtum.

„Selig sind, die da Leid tragen, denn sie sollen getröstet werden."

Das Leid des Menschen ist nicht von Gott, sondern der Leidende hat es selbst verursacht.

„Selig sind die Sanftmütigen, denn sie werden das Erdreich besitzen."

Sanftmut, Demut, Liebe und Güte gehen Hand in Hand. Wer zur selbstlosen Liebe geworden ist, der ist auch sanftmütig, demütig und gütig. Er ist erfüllt von Weisheit und Kraft.

„Selig sind, die da hungert und dürstet nach der Gerechtigkeit, denn sie sollen gesättigt werden."

Wer nach der Gerechtigkeit Gottes hungert und dürstet, ist ein Wahrheitssuchender, der sich nach dem Leben in und mit Gott sehnt. Er soll gesättigt werden.

„Selig sind die Barmherzigen, denn sie werden Barmherzigkeit erlangen."

Die Barmherzigkeit Gottes entspricht der Sanftmut und der Güte Gottes und ist für alle Seelen das Tor zur Vollendung des Lebens.

„Selig sind, die reinen Herzens sind, denn sie werden Gott schauen."

Das reine Herz ist die reine Seele, die sich wieder zum absoluten Geistwesen emporgeschwungen hat durch mich, den Christus im Vater-Mutter-Gott.

„Selig sind die Friedensstifter, denn sie werden Kinder Gottes heißen."

Diese Worte bedeuten dem Sinne nach: Selig sind, die Frieden halten. Sie werden auch den wahren Frieden auf diese Erde bringen, weil sie in sich selbst friedfertig geworden sind. Sie sind bewusst die Kinder Gottes.

„Selig sind, die mir nachfolgen, ihrer ist das Himmelreich Gottes."

„Wehe euch, die ihr reich seid! Denn ihr habt in diesem Leben euren Trost empfangen."

Ein Mensch, der an irdischen Gütern reich ist und erkannt hat, dass sein Reichtum eine Gabe ist, die er nur dazu von Gott empfangen hat, dass er sie in das große Ganze für das Wohl aller einbringt und sie dort rechtmäßig für alle verwaltet, der verwirklicht das Gesetz der Gleichheit, Freiheit, Einheit und Brüderlichkeit. Er trägt als ein selbstloser Geber mit dazu bei, dass die Armen nicht in Entbehrung und die Reichen nicht in Luxus leben.

„Wehe euch, die ihr satt seid, denn ihr werdet hungern."

Der reiche, satte Mensch, der allein „seine" Scheune füllt, ist im Herzen leer. Er kennt nur das Mein. Seine Sinne und Gedanken drehen sich um „mein" Eigentum, „meinen" Besitz, „mein" Brot, „meine" Speise.
„Das alles gehört mir." Dies ist seine Welt.
Ein solcher Mensch wird einst hungern und darben, bis er begreift: Alles ist das Sein, alles gehört Gott und allen Menschen,

die sich bemühen, Gottes Werke zu tun, die selbstlose Liebe und das Gesetz des Lebens für die Erde, „bete und arbeite" zu erfüllen.

„Wehe euch, die ihr jetzt lacht, denn ihr werdet trauern und weinen."

Wer über seine Nächsten lacht und spottet, der wird einst sehr traurig sein und über sich selbst weinen, weil er jene verkannt hat, über die er sich lustig gemacht hat und die er verspottet hat. Er wird erkennen, dass er letztlich sich selbst verlacht, verhöhnt und verspottet hat. Denn wer über seinen Nächsten richtet und urteilt, ihn verlacht, verhöhnt und verspottet, der richtet, verurteilt, verlacht, verhöhnt und verspottet mich, den Christus.

„Wehe euch, wenn alle Menschen gut von euch sprechen, denn so machten es auch ihre Väter mit den falschen Propheten."

Wenn ihr euren Mitmenschen nach dem Mund redet, damit sie euch loben und ihr bei ihnen angesehen seid, so seid ihr gleich den Falschmünzern, die um ihres Vorteils willen mit falscher Münze zahlen.

Heute im KTV Österreich,

am 07.12.2007
um 18.35 Uhr,

wurde in einem Film erklärt:

„Es ist nicht wichtig, was Jesus vor 2000 Jahren gelehrt hat, sondern wie es heute ist.“

Unverschämter geht es schon gar nicht mehr. Genauso wie Ratzinger erklärt hat, Jesus würde sich nicht mehr offenbaren. Das bestimmt Ratzinger nicht, ob sich Jesus noch einmal offenbart. Das bestimmt Jesus selbst.

Die katholische wie auch die evangelische Kirche haben die Religion von Jesus von Nazareth nicht übernommen. Die Kirchen haben ihre eigenen Religionen daraus gemacht. Aber „die Lehre Jesu“ hat das Kirchenvolk nicht übernommen. Das Nichtübernehmen der Religion von Jesus von Nazareth und die Morde an Milliarden unschuldiger Menschen während der 1700 Jahre ist das größte Verbrechen der gesamten Menschheit. Durch das Nichtübernehmen der Religion von Jesus von Nazareth sind auch Billionen Tiere auf grausame Weise umgekommen. Das Priestervolk der katholischen Kirche hat sich in den 1700 Jahren nicht geändert.

Im Mittelalter konnte man sich schon einen Platz im Himmel erkaufen.
Jetzt habe ich im Fernsehen bei KTV Österreich durch Herrn Pfarrer Buschor gehört: Auch heute geht das noch. Sinngemäß erklärte dieser Pfarrer: Man könne, wenn man sein Vermögen der Kirche vermache, sich einen Platz oben im Himmel erwerben. Weiterhin wurde im Deutschen Fernsehen das Volk aufgefordert, durch einen katholischen Priester:

Die Leute sollen feiern, feiern.
(quasi zu ihren Schlachtfesten
aufgerufen).

Ich kann mich an eine Literatur mit Inhalt aus dem Mittelalter erinnern, wie die Priester überlegten, wie kann man das Volk bei Laune halten:

„mit Schlachtfesten".

Ihr seht, das Kirchenvolk hat sich nicht geändert.

Es weihnachtet sehr.
Überall glitzert es in den Gärten der Menschen.

Heute Abend, am 22.12.2007, so gegen 11 Uhr ging ich mit Ricky Gassi. Nach einer Weile drehte ich mich um und blickte in Richtung unseres weißen Baumes. Und da sehe ich etwas Wunderschönes. Es gingen von dem Baum aus glitzernde Strahlen in meine Richtung. Ganz lange glitzernde Strahlen. Traumhaft schön.
Das war eine Überraschung von meinem Rabbi. Das war mein Weihnachtsgeschenk. Danke, Jesus! Du hast mir wieder gezeigt, dass du noch da bist und mich immer noch lieb hast.

Ich komme am 24.12. so gegen ca. 22.00 Uhr zu dir.

Wir zwei, Ricky und ich, freuen uns darauf.

Bis dahin alles Liebe und
nochmals Danke!

Deine Maria Magdalena

Heiligabend, den 24. Dezember 2007

Für heute Abend habe ich mich mit Jesus am Visionskreuz so gegen 22 Uhr verabredet. Ich bin mit Ricky mit einer roten Rose dorthin gegangen.
Wie schon voriges Jahr habe ich die Rose geküsst und dort in Liebe abgelegt. Ich kann mich an letztes Jahr erinnern. Ich gebe zu, ich habe damals Angst gehabt. So spät abends, wenn es dunkel ist und einsam, da schaut man sich doch ständig um, ob keiner da ist und einem was Böses antun will. Und Ricky ist zu klein, um mir zu helfen.
Irgendwann im Jahr 2007 habe ich in Unterlagen von der Prophetin Gabriele gelesen, dass, wenn man eine direkte Verbindung nach „oben" hat, man keine Angst haben braucht, dass einem etwas Böses geschieht. Und daran habe ich mich an diesem Weihnachten erinnert. Ich habe mir geschworen, dieses Mal habe ich keine Angst, dieses Mal vertraue ich Jesus ganz. Ich war am Visionskreuz und hatte keine Angst. Das war ein schönes Gefühl. Meinem Jesus total vertrauen, das war super. Ich habe mich nicht ein einziges Mal umgeschaut. Mein Rabbi würde es nie zulassen, dass mir etwas Böses passiert.
Dann verabschiedete ich mich von Jesus und ging mit Ricky in Richtung zum Auto. Es war dunkel. Aber ich hatte keine Angst. Und plötzlich auf halbem Weg stand da ein Mann. Wie aus heiterem Himmel, wie man im Volksmund sagt.
Auweh, jetzt musste ich Jesus beweisen, dass ich ihm ganz vertraue. Niemals würde mein Rabbi es zulassen, dass einer seiner Maria Magdalena etwas Böses antut. Ich hatte keine Angst. Ich bin an dem Mann vorbei und habe Jesus voll vertraut.

Heute bin ich stolz auf mich, dass ich Jesus vertraut habe, und war dankbar, dass ich das bei der Prophetin Gabriele gelesen habe.

Ich danke Jesus und der Prophetin.

Maria Magdalena

Silvester 2007/2008

Ich freue mich das ganze Jahr auf Silvester. Silvester ist eine schöne Nacht. Es gibt etwas Leckeres zu essen. Ein Gläschen Sekt gehört auch dazu. Mir gefällt es immer wieder. Wir waren bei Kurti, Petra und Kai eingeladen. Dieses Mal war auch meine Schwester dabei und wie jedes Jahr haben wir auch diesmal Bleigießen gemacht. Jesus war auch diese Nacht bei uns. Und hat auch dieses Mal wieder etwas für uns gezaubert. Ihr könnt euch an letzten Silvester erinnern, da bekam ich ja einen Ring von meinem Rabbi. Diesmal habe ich, ehrlich gesagt, gar nichts erwartet. Was kann es noch Schöneres geben als einen Ring von Jesus von Nazareth. Und tatsächlich in dieser Nacht hat Jesus für ein Familienmitglied zwei Engel gezaubert. Zwei süße Schutzengel. Damit hat uns Jesus bewiesen, dass es auch Schutzengel gibt.

Also, liebe Leserinnen und Leser, es gibt tatsächlich Schutzengel. Behandelt sie besonders lieb, dann werden sie auch euch beschützen.

Nur schade, dass derjenige, für den Jesus die zwei Engel gezaubert hat, nicht an Engel glaubt. Trotz dieses Wunders von meinem Rabbi glaubt er nicht. Ob Schutzengel dann noch wirken???

März 2008

Wir haben bald Ostern 2008

Jesus hat mich gebeten, bei der Prophetin Gabriele anzurufen und ihr von Jesus etwas ganz Wichtiges zu sagen. Es hat mit Ostern zu tun.

Ich rief also bei der Prophetin an und bat die Vorzimmerdame, mich zur Prophetin Gabriele durchzustellen. Ich erzählte der Sekretärin, dass ich eine Verbindung zu Jesus von Nazareth habe und die Prophetin dringend sprechen müsste. Aber die Vorzimmerdame stellte mich einfach nicht durch. Sie sagte zu mir: „Was meinen Sie, wie viele Leute hier anrufen und sagen, sie haben ‚einen Draht nach oben'?"
Nach langem Hin und Her meinte sie noch: „Und wenn Sie eine Verbindung zu Jesus von Nazareth hätten, dann würde die Prophetin das wissen."
Damit war das Gespräch beendet.

Ich habe Jesus von dem Anruf bei der Prophetin Gabriele berichtet.
Jesus meinte, dann erfährt sie es durch dieses Buch.

Jesus hat mich nicht gebeten, noch einmal bei der Prophetin anzurufen.

Wir haben Ende April 2008

Mein Familienmitglied Kurt und ich, wir saßen im Wohnzimmer am Mittagstisch. Plötzlich schießt mit hoher Geschwindigkeit ein schwarzer Vogel auf unser Wohnzimmerfenster zu und stirbt.
Ich war entsetzt. Wie konnte das passieren und was bedeutete das?
Noch am gleichen Tag bin ich zu einem Zoofachgeschäft gefahren und habe aufklebbare Fensterbilder mit dem Motiv „schwarze Vögel“ gekauft.
Ich hatte vier Päckchen mitgebracht und mein Familienmitglied Kurt hat den Inhalt von drei Päckchen auf die großen Fenster geklebt.
Das vierte Päckchen hat er liegenlassen.
Am nächsten Tag habe ich den Rest auf die noch freien Flächen geklebt.
Und das war mein Glück.
Als wir am nächsten Tag wieder am Mittagstisch saßen, sauste mit hoher Geschwindigkeit ein schwarzer Vogel auf uns bzw. auf das Fenster zu. Doch im letzten Augenblick schlug er einen Haken und sauste aus unserer Perspektive gesehen nach links weg. So etwas hatte ich noch nie gesehen. So einen richtigen Hakenschlag. Dem Vogel ist nichts passiert.
Dank dessen, dass ich das vierte Päckchen auf die noch freien Stellen aufgeklebt habe.
Da ahnte ich noch nicht, was das bedeutet.

„Unheil und Glück zugleich.“

Aber das wusste ich da noch nicht.

Ein paar Tage später ging ich mit meinem Hund Ricky spazieren.

Und der Weg, den wir entlanggingen, machte eine Linkskurve.

Plötzlich schoss mit hoher Geschwindigkeit ein brauner Vogel in der Kurve auf mich zu. Ich erschrak furchtbar. Doch kurz vor mir machte er einen Hakenschlag und sauste aus meiner Sicht gesehen nach rechts weg. Als ich mich von dem Schreck erholt hatte, fragte ich mich: Was war denn das und vor allem was bedeutet das?

Dann kam der Mai 2008.
Ein schrecklicher Monat.
Erinnert ihr euch an Silvester 2007/2008? In der Nacht bekam mein Familienmitglied Kurt beim Bleigießen von Jesus von Nazareth zwei Schutzengel gezaubert. Ich dachte damals, es bezieht sich auf seine Krankheit. Ich ahnte nicht, dass es ganz etwas anderes bedeutet.

Ich freute mich so auf Mai 2008.

Meine vier Tauben leben bei mir im Garten und ein Familienmitglied erzählte mir, dass eine Taube in einem Baum auf meinem Grundstück brütet.

Alles schien in Ordnung. Bis eine schreckliche Botschaft ins Haus kam.
Der laufende Kredit von 5000 Euro wurde gekündigt.
Ich kann mich erinnern, dass mir Jesus vor Mai 2008 schon lange zu verstehen gab, ich soll mein Auto verkaufen. Ich wusste zwar nicht, warum. Aber wenn es Jesus sagt, dann hat es einen Grund. Mein Auto war laut Internet noch 5000 Euro wert. Mein Rabbi hat dafür gesorgt, dass wir das Geld noch rechtzeitig beschaffen konnten.

Ich bin Jesus unendlich dankbar, dass er seiner Maria Magdalena geholfen hat.

Das war ein schrecklicher Monat.

Ich danke dir, Jesus, von
ganzem Herzen!

Deine Maria Magdalena,
die dich sehr liebt

Das war meine Hinrichtung 2008 auf die moderne Art. Aber ich habe meine Hinrichtung überlebt. Dank Jesus von Nazareth.

Danke, Rabbi!

Der schwarze Vogel symbolisierte die Kirche.

Der braune Vogel symbolisierte die bösen Menschen

Hilfe, Ricky ist blind, auf beiden Augen. Und der Tierarzt mit Bart, bei dem ich damals mit Ricky war, empfahl mir einen Arzt aus München, der Ricky operieren sollte. Aber Jesus von Nazareth hat anders entschieden. Er hat mir eine Tierärztin empfohlen, die später Ricky erfolgreich operierte.
Und heute weiß ich, warum sich Jesus für die Ärztin entschieden hat.

Auf dem Weg zu dieser Ärztin befinden sich mehrere Kreuze am Wegrand. Und immer, wenn ich an den Kreuzen vorbeifuhr, sagte ich: „Hallo Rabbi, hast du wunderschöne Blumen.“ Aber gleichzeitig sagte ich: „Was nützen die schönen Blumen, die sie dir bringen, und wenn sie nach Hause kommen, ist der ‚Braten‘ fertig.“
Das habe ich bei jedem Kreuz gesagt.
Damit meine ich, sie bringen Jesus von Nazareth schöne Blumen und gleichzeitig essen sie seine Tiere. Darüber freut sich Jesus natürlich nicht. Und umgekehrt, die Menschen essen seine Tiere nicht, vergessen ihn aber ganz. Er muss sich welke Blumen anschauen oder bekommt gar keine mehr. Das macht Jesus traurig.
Also, liebe Leserinnen und Leser: Jesus ein paar Blümchen schenken und seine Tiere nicht mehr essen. Darüber würde sich Jesus von Nazareth freuen.

Jesus liebt Blumen

und Tiere!

09.08.2008:

Eine Sendung bei Maischberger

Anwesend waren Kardinal Meißner und die Gräfin Gloria von Thurn und Taxis.

Kardinal Meißner erklärte: Er stelle Frauen, die Abtreibungen machen gleich mit den Massenmördern
Stalin und Hitler.

Nur die Kirche als Massenmörder zu erwähnen und sich oben einzureihen, hat er vergessen.

Ich bin auch gegen Abtreibung.
Aber ich finde es immer wieder schlimm, dass sich die katholische Kirche nicht in die Reihe von Massenmördern einreiht. Die Kirche hat unendlich viele unschuldige Menschen auf dem Gewissen.

Ausspruch Meißner:

„Jesus und die Kirche wären
eine Ehe.
Jesus wäre angenagelt an
die Kirche.
Er kommt von der Kirche
nicht los."

So einen Schwachsinn vor Millionenpublikum daherzureden, ist eine Schande!

Jesus hat mit der Kirche nichts zu tun und ist schon gar nicht mit ihr verheiratet, auch nicht symbolisch.

„Jesus lebt, rettet Jesus!"

Sein Geschenk zu unserem zweiten Jahrestag:

„CSU und Grüne im Kirchenstreit".

Ich war mein ganzes Leben der Meinung, Staat und Kirche gehören getrennt.
Jesus von Nazareth wäre nie mit dem Staat zusammengegangen. Das hätte Jesus niemals getan. Also gibt es im Grunde gar keine Partei, die sich CSU/CDU nennen kann.

„Das zahlt der Freistaat Bayern: Rund 62 Millionen Euro zahlt der Freistaat Bayern in diesem Jahr 2008 an die katholische Kirche.
Eingeschlossen im Haushalt sind unter anderem die Jahresgehälter der sieben Erzbischöfe und Bischöfe (715.000 Euro) und die Gehaltszahlungen für 12 Weihbischöfe. Heuer sind dies rund 110.000 Euro.
Weitere Etatposten: Dienstentschädigungen für die haupt- und nebenamtlichen bischöflichen Sekretäre (52.000 Euro).
Leistungen an Mesner und andere Kirchendiener (16.000 Euro).
Für außerordentliche Bedürfnisse wie Orgeln, Glocken und Uhren sind 135.000 Euro vorgesehen.
Basis dieser Zahlungen ist das Konkordat.
Auch die evangelische Landeskirche erhält Geld vom Staat, rund 19,7 Millionen Euro."

Zeitungsausgabe: Samstag, den 23.08.2008, Nr. 196, Friedberger Allgemeine.

Danke, Rabbi, für diese Information.
Die Menschen werden staunen!

Jetzt wissen die Rentner wenigstens, warum ihre Rente so klein gehalten wird. Und das ist nicht im Sinne von Jesus von Nazareth. Er würde lieber den Rentnern, die eine Rente beziehen, von der sie kaum leben können, und sonstigen hilfsbedürftigen Menschen das Geld zukommen lassen.

Davon bin ich überzeugt. Ich kenne Jesus sehr gut.
Für mich ist dies wieder einmal eine Bestätigung, dass es „Kirche und Staat“ zusammen nicht geben darf, genauso wenig wie es „Jesus und die Kirche“ geben darf.
Jesus hat seine eigene Religion. Er hat mit den Religionen anderer Institutionen nichts zu tun.

Danke, Jesus, für das Geschenk zu unserem

„zweiten Jahrestag“.

Wir haben Oktober 2008

Ricky wurde am zweiten Auge operiert. Er hatte diesmal sehr große Schmerzen. Und auf dem Heimweg von der Tierarztpraxis kamen wir an einem Holzbild vorbei. Auf diesem Bild sah man Maria mit dem schwerverletzten Jesus auf dem Schoß. Wir hielten dort an. Ich spürte, was mir das Bild sagen wollte: Maria und ich, wir waren beide Mütter und hatten beide ein Kind mit wahnsinnigen Schmerzen. Ricky symbolisierte mein Kind.

Heute Nacht, Freitag, den 28.11.2008, hatte ich eine Vision. Ich sah drei Kreuze und eine Kirche angestrahlt von einem wunderschönen Licht.

Das Universelle Leben schickte mir auf meine Bitte hin Broschüren, aus denen hervorgeht, dass Jesus von Nazareth gegen das Tieretöten und Tiereessen ist. Und diese Broschüren wollte ich am 29.11.2008 verteilen.

Und so kam ich zu einem Platz, wo eine Kirche stand.

Ich ging näher hin und blieb am Ende des Weges stehen. Ich erblickte rechts ein kleines Gebäude. Die Gittertüre stand offen. Es war erhellt und ich konnte eine Männergestalt erkennen. Er hatte eine braune Kutte an und beugte sich so herunter, als wollte er eine Blume pflücken. Ich war erstaunt, blieb aber stehen und ging nicht näher hin. So konnte ich auch nicht sehen, dass auf der rechten Seite ein einzelnes Kreuz mit meinem Rabbi hing. Dann blickte ich nach links und dort stand auch ein kleines Gebäude und man erkannte drei Kreuze im Dunkeln. Es war sehr dunkel. Ich war zutiefst erschrocken. Drei Kreuze, damit hatte ich nicht gerechnet. Ich war total überfordert. Ich war wie gelähmt. Ich bin nicht näher hingegangen. Ich kann es sowieso nicht ertragen, Jesus am Kreuz zu sehen. Das tut mir einfach zu weh. Wie betäubt bin ich dann nach Hause gefahren. Es war ein furchtbares Gefühl. Man kann es niemandem beschreiben. Ich habe die Stätte fluchtartig verlassen.
Abends waren wir drei, Ricky, mein Familienmitglied und ich, bei Kurti, Petra und den Kindern eingeladen. Den ganzen Abend habe ich über dieses Ereignis nachgedacht und habe festgestellt: Der Mann, der sich so herunterbückte, als wollte er eine Blume pflücken, war mein Rabbi, mein Jesus. Ich konnte zwar sein Gesicht nicht ganz sehen, aber die Haare, der Haarschnitt, sah genauso aus wie auf dem ersten Bild, das er mir geschickt hatte. Mein Rabbi war hier, hier auf dieser Erde und ich bin nicht zu ihm gelaufen. Ich war wie erstarrt, wie gelähmt. Ich konnte das alles nicht fassen. Das war alles zu viel für mich.

Abends in meinem Bett habe ich mit Jesus gesprochen.
Er sagte: „Du hast mich nicht gesehen."
Ich antwortete: „Ich war aber da."
Jesus sagte: „Du hast mich nicht gesehen."

Jetzt begreife ich, was Jesus meinte, ich hätte ihn nicht gesehen. Der Mann, der sich vornüberbeugte, als wollte er eine Blume pflücken, war ER, mein Rabbi.
Ich werde es mir nie verzeihen, dass ich nicht näher hingegangen bin.

Jetzt ist es zu spät. Ich kann Jesus jetzt nur noch bitten, mir noch einmal eine Chance zu geben:

Bitte, bitte Rabbi, ich möchte
dich noch einmal auf dieser
Erde sehen.

Am nächsten Tag bin ich gleich morgens mit Ricky hingefahren. Ich wollte sehen, ob das kleine Gebäude immer noch dunkel war. Als wir hinkamen, schaute ich nach rechts. Diesmal war das Gittertor zu und ich erblickte eine männliche Gestalt, die ganz anders aussah als gestern Nachmittag.
Diesmal stand der Mann aufrecht, hatte eine braune Kutte an, einen goldenen Heiligenschein über seinem Kopf und die rechte Hand streckte er halb nach oben. Dann blickte ich nach links und alles war erhellt. Ich sah drei große Kreuze und in der Mitte meinen Rabbi. Mir ist aufgefallen, dass Jesus am Kreuz genauso aussah, wie auf dem zweiten Bild, das ich von ihm bekommen habe. Das Gittertor war zu. Ich ging auf das Tor zu. Ich sah die Blumen vor ihm, sie waren verwelkt. Ich hatte Ricky auf dem Arm und plötzlich war das Tor offen und ich befand mich in der Welt vor ca. 2000 Jahren. Ich bin unter dem Kreuz zusammengebrochen. Ich bekam einen Weinkrampf nach dem anderen. Ich schrie immer wieder zu meinem Jesus: „Warum hast du mir das angetan, warum?" Immer wieder bekam ich einen Weinkrampf. Ich habe am ganzen Körper gezittert. Und immer wieder geschrien: „Warum hast du mir das angetan?"
Es war furchtbar. Dieses Erlebnis werde ich mein ganzes Leben nicht vergessen. Ich weiß gar nicht, wie ich damit fertig werden soll.
Irgendwann taumelte ich mit Ricky zurück und sah zu dem rechten Gebäude.
Auf einmal sah ich auf der rechten Seite ein einzelnes Kreuz mit meinem Rabbi hängen.

„Angestrahlt von einem
wunderschönen Licht."

Damit ist für Jesus die Sonne aufgegangen, als seine Maria Magdalena mit ihrem gemeinsamen Kind kam. Ricky symbolisierte unser Kind.

Ich ging mit Ricky zu meinem Auto und bekam wieder furchtbare Weinkrämpfe. Ich konnte mich gar nicht beruhigen. Es war grausam.
Irgendwann bin ich dann tränenüberströmt nach Hause gefahren. Das Auto symbolisierte das Eselchen, mit dem Maria Magdalena mit ihrem Kind zu Jesus kam.
Als ich nach Hause gelangte, bemerkte ich nach einiger Zeit, dass auch meine Rose für Jesus verwelkt war. Ich ging in den Garten und wollte eine neue Rose holen. Aber die erste Rose, die ich sah, war mir für meinen Rabbi nicht schön genug. Wie von Geisterhand geführt, schnitt ich eine andere Rose ab. Als ich sie in der Hand hielt, war ich erstaunt. Man wird es nicht glauben, es sah folgendermaßen aus:

Drei Rosen miteinander verbunden
und die Rose in der Mitte war
verwelkt.

Die Rose für meinen Rabbi.

Was will Jesus uns damit sagen?

Er will damit sagen, dass man ihn nicht vergessen soll und ihm ab und zu ein paar Blümchen bringt. Er würde sich darüber sehr freuen. Jesus liebt Blumen. Es stehen noch so viele Kreuze im Lande ohne ein paar Blümchen.

Er fühlt sich dann so vergessen!

Dem aufmerksamen Leser wird es nicht entgangen sein, dass Jesus von Nazareth Hinweise in diesem Buch gibt, was vor 2000 Jahren wirklich geschah.

Eine Botschaft von Jesus von Nazareth an die gesamte Menschheit dieser Erde:

Er überlässt es den Menschen selbst, die Wahrheit aus diesem Buch zu finden. Und jeder feiert das in seinem Herzen, was er für die Wahrheit hält.

Ihm ist es egal, was die Menschen feiern. Aber aus den Feierlichkeiten, wie Weihnachten, Ostern usw., Schlachtfeste zu machen, das ist Jesus von Nazareth nicht egal!

Jesus von Nazareth hat ein Gebot an die gesamte Menschheit:

An dem grausamen Geschehen vor 2000 Jahren kann niemand mehr etwas ändern.

Aber die Menschen, die ihn lieben und für ihn etwas tun wollen, außer Beten und Blumen schenken, mögen aus seinen Festen, egal welche, keine Schlachtfeste mehr machen und generell täglich vegan leben.

Ich, Sonja Marquardt, hatte zwei Jahre die Seele von Maria Magdalena in mir.

Heute, am 02.12.2008 habe ich erlebt, wie Jesus die goldfarbene Seele von Maria Magdalena aus meinem Körper abgeholt hat. ER, Jesus von Nazareth, kam in der Gestalt eines Lichtwesens.

Das war für mich ein trauriger Abschied.

Für mich war die Zeit, als ich Maria Magdalena war und mit Jesus zwei Jahre zusammenleben durfte, die schönste Zeit meines ganzen Lebens.

Sonja

Heute Nacht bekam ich eine Vision.

Ich sah einen wunderschönen Sternenhimmel. Und in der Mitte sah man aus weiter Ferne zwei Lichtwesen nebeneinander.

Maria Magdalena ist wieder bei ihrem Jesus in seinem Reich.

Ich freue mich auf unser Wiedersehen in eurer himmlischen Welt.

Eure Sonja

im Jahre 2008

Heute, am 23.12.2008, bei Maischberger:

Thema: Gott ja, Kirche nein

Ausspruch Prälat Wilhelm Imkamp:

„Jesus hat die Kirche gegründet."

Eine Bitte von Jesus von Nazareth:

„Hört auf mit der Lügerei."

Ich habe die Kirche so, wie sie heute ist, nicht gegründet.

Jesus von Nazareth
im Jahre 2008

Heute Nacht hatte ich eine merkwürdige Vision. Ich befand mich in einer Kirche und auf dem Kirchenboden hockte zusammengekrümmt eine weibliche Gestalt, die ganz schwarz gekleidet war.
Es herrschte eine unheimliche Stille.

Plötzlich bemerkte ich, dass ich diese Gestalt war, und ich sagte zu Jesus:

„Jetzt kenne ich den mächtigsten und
den traumhaftesten Mann der Welt.
Und dieses Häufchen Elend
auf dem Kirchenboden
bin ich?"

Ich war entsetzt.

Ich sagte nur noch zu meinem Rabbi:

„Aber ich mag die Kirche
doch nicht."

Dann war die Vision weg.

Ich habe lange über diese Vision nachgedacht. Hätte Jesus es gerne gehabt, ich wäre ins Kloster gegangen und hätte mich verabschiedet von dieser Welt?

Ich bin ganz ehrlich, ich hätte es aus Liebe zu Jesus von Nazareth getan und wäre ins Kloster gegangen. Ganz, ganz ehrlich!

Und es wäre für mich ein ganz, ganz hoher Liebesbeweis gewesen, denn ich wollte in jungen Jahren Modedesignerin werden.

Aber ich kann der Kirche die unzähligen Morde an unschuldigen Menschen und die Morde an unschuldigen Tieren einfach nicht verzeihen!

Aber Jesus von Nazareth überlässt es den Menschen selbst, wie sie sich kleiden. Für ihn und seinen Vater braucht keine Frau ein Nonnengewand zu tragen. Auch Kopftücher tragen hat nichts mit Religion zu tun.
Gott Vater und Jesus von Nazareth mögen es, wenn Frauen und Männer sich pflegen, sich nett anziehen, ihre Haare waschen und natürlich frisch aussehen. Aber wie gesagt, Gott Vater und Jesus von Nazareth überlassen es den Menschen selbst, wie sie sich kleiden.

Nur eins muss die gesamte Menschheit wissen:

„Kopftücher tragen und
Nonnengewänder anziehen
haben nichts mit
der Religion von Gott
Vater und Jesus von
Nazareth zu tun.

Und Burkatragen ist so
etwas Unsinniges."

Gott Vater hat den Men-
schen ein Gesicht gegeben.
Menschen sollen sich sehen
von Angesicht zu Angesicht.

Ich habe mein ganzes Leben gesagt:

**„Ehe ich der Kirche angehörte,
würde ich mich eher verbrennen lassen!"**

Und tatsächlich: „Jetzt wäre es so weit."
Wenn die Kirche wieder Morden dürfte, würde sie es tun. Jetzt wäre ich dran und würde auf dem Scheiterhaufen landen.
Davon bin ich überzeugt.
Vor ca. eineinhalb Jahren hat mir Jesus etwas geschickt. Ein Geschenk. Es sieht wie eine Ähre aus, und zwar in der Farbe Rot. Ein komisches Rot, so ein richtiges Hexenrot. Aber ich habe nicht weiter darüber nachgedacht. Bis jetzt war ich blond und wollte mir neue Farbe in blond zum Haaretönen kaufen. Ich stehe im Supermarkt vor dem Regal und wie von Geisterhand geführt greife ich ein Paket mit einer rötlichen Farbe, die ich gar nicht wollte. Zu Hause angekommen, tönte ich meine Haare. Und das Endergebnis dieser Färberei war das gleiche Rot, das mir Jesus in Form dieser Ähre geschickt hat. Ich war überrascht.
Ich kaufte mir andauernd eine Farbe in blond. Aber meine Haare ließen sich einfach nicht mehr färben. Immer wieder versuchte ich es, aber es ging einfach nicht.

Was will mir Jesus damit sagen?
Ich weiß es:

Jetzt bin ich seine kleine

„Hexe".

Ich möchte liebend gerne deine kleine Hexe bleiben.
Und danke dir für alles, was ich erleben durfte.

Deine Sonja

Übrigens, die „Ähre“ von meinem Rabbi hüte ich wie einen Schatz!

Seine kleine „Nonne“ bin ich nicht geworden, dafür aber seine kleine „Hexe“.

Heute 31.12.2008

Ich bin zum Einkaufen gefahren und spürte eine große Sehnsucht nach Jesus. Als ich mit dem Auto an der kleinen Kirche vorbeifuhr, sagte ich zu Jesus: „Nach dem Einkaufen komme ich bei dir vorbei. Ich freue mich auf dich.“
Auf dem Heimweg ging ich zu Rabbi.

Ich kann es kaum fassen, was ich da erlebt habe.

Ich ging wieder den kleinen Weg entlang. Am Ende des Weges blieb ich stehen und blickte nach rechts. Dort war alles so wie bisher. Dann blickte ich nach links und ging auf die drei Kreuze zu.
Zuerst sah ich den großen Blumenkübel. Jetzt waren die Pflanzen total verblüht. Dann blickte ich zu Jesus auf. Aber die drei Kreuze waren ganz anders als damals bei meinem Zusammenbruch. Diesmal waren die drei Kreuze klein und dunkel und Rabbi sah ganz anders aus. Auf diesem Kreuz hatte er einen Vollbart. Damals bei dem Zusammenbruch war ich in der Welt vor 2000 Jahren. Die drei Kreuze waren groß und hell und es war kein Gitter davor und die Füße von Jesus waren in Augenhöhe von mir. So konnte ich den großen Nagel und das Blut sehen.

Ich war am 30.11.2008 in der Welt vor 2000 Jahren, wie vorher schon einige Male.
Unfassbar, was Jesus alles kann. Er kann einen Menschen in die Zeit vor 2000 Jahren bringen.
Wahnsinn, was ich alles erleben durfte.

Heute weiß ich, was die Scheibe für Paulus bedeutete:

> Ich bin der Gesandte
> des Messias,
> Jesus von Nazareth.

Ich habe die gleiche Scheibe gesehen und für mich bedeutet sie:

> Ich bin die Assistentin von
> Jesus von Nazareth, des
> mächtigsten Mannes der
> Welt.

Sonntag, den 28.01.2009

Heute Vormittag habe ich zu Ricky gesagt: „Komm, wir gehen zu deinem Daddy."

Ich ging mit Ricky den kleinen Weg entlang und blieb wieder an dessen Ende stehen. Zuerst blickte ich nach rechts. Dort war alles wie sonst. Dann ging ich mit Ricky nach links zu dem anderen kleinen Gebäude.
Was ich heute sah, irritierte mich total: drei große Kreuze, das Holz der Kreuze in hell. Auch die Leiber waren hell. Und Rabbi hatte einen Vollbart.

Jetzt sieht Jesus wieder so aus, wie die Menschen ihn sich vorstellen, „mit Vollbart".

Aber als ich mich umdrehte, schaute ich zu dem anderen Gebäude und das Kreuz erstrahlte in einem wunderschönen Licht. Und über diesem Kreuz sah man eine Antenne. Es sah genauso aus wie auf dem Bild in dem Buch, das die Prophetin geschrieben hat.
Was will Jesus mir mit der Antenne sagen?
Ich deute es so:

„Ich habe einen Draht nach oben!"

Liebe Leserinnen und Leser. Möchtet auch ihr mit Jesus reden? Dann besucht ihn doch bei dem kleinen Gebäude. Er würde sich darüber sehr freuen.
Er ist dort so alleine. Bringt ihm ein paar Blümchen mit, die er so liebt.

Ich besuche Jesus so oft wie möglich.

Freitag, den 20. März 2009

Heute Abend rief meine Schwester an. Sie weinte bitterlich und erzählte mir verwirrende Dinge, wie z. B. ihr Sohn will sie in ein Heim geben usw. Und sie will das nicht. Ich habe sie beruhigt und ihr versprochen, dass ich sie nicht im Stich lasse. Und an dem darauffolgenden Sonntag haben wir sie zu uns geholt.

Anfangs ging es ihr gar nicht gut. Aber in den zwei Wochen, die sie hier war, hat sie sich gut erholt.

Meine Schwester hat mir zum Dank für meine Mühe

„einen Beutel mit Silbermünzen“

geschenkt.

Aber meine Schwester hat sich leider nicht geändert. Sie war das ganze Leben eine totale Tieresserin. Ich kann mich erinnern, wenn die ganze Familie zusammenkam und wir Kuchen aßen, dann wollte meine Schwester lieber ein Brot mit viel Wurst. Auch heute saß sie an meinem Tisch und träumte von einem Schinken. Sie sagte, wenn sie wieder zu Hause ist, dann holt sie sich als Erstes einen Schinken.

Als Jesus das hörte, war er sehr enttäuscht.

Vor ein paar Tagen wurden im Fernsehen wieder schreckliche Bilder gezeigt. Arme Tiere, die geschlachtet wurden. Vor allem ging es um Schweine. Wie entsetzlich sie gehalten werden und wie es in den Schlachthäusern zugeht. Furchtbar, furchtbar. Ich war so entsetzt und so wütend. Ich habe zu meinem Rabbi gesagt: „Rabbi zeig mir die Hölle, wo diese Schweinhunde hinkommen, die die Tiere töten und fressen. Es muss doch eine Gerechtigkeit geben. Bitte, bitte Rabbi, sag mir, dass es eine Gerechtigkeit gibt und diese Schweinehunde (die sich Menschen nennen) eine gerechte Strafe bekommen."

Jesus hat meine Bitte erhört und mir gezeigt, wo sich die Hölle befindet.

„Die Hölle befindet sich unter
der Erde."

Ich habe mit eigenen Augen gesehen, wie eine Frau in einem rosafarbenen Schlafanzug hinabstieg in das Grauen der Hölle. Das war stellvertretend für alle Tier- und Menschenmörder und Tierfresser.

Jesus hat mir erspart, die Hölle von innen zu sehen. Ich glaube, Jesus hat Bedenken, dass ich das nicht verkraften würde.

Danke Rabbi,

dann gibt es doch eine

„Gerechtigkeit".

Nur leider haben die armen Tiere bis jetzt nichts davon.

Am 5. April 2009

auf ARTE lief um 23.55 Uhr ein Film mit dem Titel „Unser täglich Brot". Regisseur Nikolaus Geyrhalter wirft einen Blick auf die Bedingungen industrieller Nahrungsmittelproduktion. Es wurde gezeigt, was täglich bei den meisten Menschen unserer heutigen Zeit auf den Tisch kommt. Mitunter war es harmlos. Es wurde gezeigt, wie die Äpfel geerntet wurden, Spargel wurde gestochen usw.

Aber dann kam das Unfassbare:

„Wozu sind Menschen fähig?"

Ich habe schon viel Grausamkeit gesehen. Und gestern, das war so schlimm. Ich komme gar nicht darüber hinweg.
Ich frage mich immer wieder: Wozu sind Menschen fähig.
Schlachthäuser wurden gezeigt und wie es da zugeht.

Kleine süße Küken wurden aussortiert und die, die man nicht gebrauchen konnte, wurden lebend in eine Entsorgungsmaschine geworfen.

Kleine süße Ferkelchen wurden ohne Betäubung kastriert.

Massentierhaltung bei Enten und Gänsen. Unvorstellbar. Eine Halle so groß wie fast ein Fußballfeld. Und eingefangen wurden sie folgendermaßen: Es kam ein Schweinhund, der sich Mensch nennt, mit einem großen Gerät, das die Funktion eines Staubsaugers hatte. Der saugte die Tiere ein. Unvorstellbar!

Massenweise wurden Schweine im Schlachthof in einen engen Durchlauf getrieben und mit einem Elektroschocker gequält, damit sie weiterlaufen.

Massentierhaltung in den Legebatterien. Auf kleinstem Raum vegetieren die armen Wesen dahin. Kein Tageslicht, keine Sonne, keine Wiese zum Scharren und Picken.

„Wozu sind Menschen fähig."

Während der grausame Film lief, dachte ich an das Gebet, das Menschen täglich zu Jesus und seinem Vater beten: „Und gib uns unser täglich Brot."

Gott Vater und sein Sohn Jesus von Nazareth sind dafür, dass man das „Vater unser" ergänzt, und zwar:

„Und gib uns unser täglich Brot
ohne Tierkadaver."

Tiere essen ist das Gleiche wie Tiere töten.
Und Tiere töten ist das Gleiche, wie Menschen töten.

Ein Bericht einer Tierärztin

Um Tierärztin werden zu können, musste Frau C. M. Haupt ein sechswöchiges Pflichtpraktikum in einem Schlachthof absolvieren.
Über ihre Erfahrungen und Empfindungen während dieses Aufenthaltes, der tiefe Spuren bei ihr hinterlassen hat, berichtet sie in einem ergreifenden Artikel des „Arbeitskreises für humanen Tierschutz und gegen Tierversuche“ in der Ausgabe 2/3 1998.

In diesem Bericht, der einer Horrorgeschichte gleichkommt, wird die Tragödie und Brutalität des Schlachtens in ihrem ganzen Ausmaß deutlich, wenn es unter anderem heißt:

„... die Szenerie hat etwas Unwirkliches und gemahnt an jene gespenstischen Wochenschauen aus dem Krieg, an graue Waggonreihen voller ängstlicher, bleicher Gesichter ...“

Schon aus der Ferne treffen mich die Schreie der Schweine wie ein Messerstich. Am nächsten Tag werde ich dann selbst zu einem Teil der gigantischen Zerstückelungsmaschinerie.

Von dem Schwein möchte ich erzählen, dass es nicht mehr laufen konnte, mit gegrätschten Hinterbeinen dasaß. Das sie so lange traten und schlugen, bis sie es in die Tötungsbox hineingeprügelt hatten. Das ich mir hinterher ansah, als es zerteilt an mir vorbeipendelte:
„Beidseitiger Muskelabriss an den Innenschenkeln, Schlachtnummer 530, nie vergesse ich diese Zahl.“

Ich möchte von den Rinderschlachttagen erzählen, von den sanften braunen Augen, die so voller Panik sind. Von den Fluchtversuchen, von all den Schlägen, bis das arme Tier endlich im eisernen Pferch zum Bolzenschuss bereitsteht. Dann der tödliche Schuss, im nächsten Moment schon die Kette am Hinterfuß, die das ausschlagende, sich windende Tier in die Höhe

zieht, während unten bereits der Kopf abgesäbelt wird. Und immer noch, kopflos, Ströme von Blut ausspeiend, bäumt der Leib sich auf, treten die Beine um sich.
Auch für die erbärmlich magere Kuh gibt es niemanden, der sich ihrer erbarmt in Form eines schnellen Schusses. Erst müssen die übrigen Schlachttiere abgefertigt werden. Als ich mittags gehe, liegt sie immer noch da. Niemand, trotz mehrfacher Aufforderung, hat sie erlöst. Ich habe das Halfter, das unbarmherzig scharf in ihr Fleisch schnitt, gelockert und ihre Stirn gestreichelt. Sie blickte mich an mit ihren riesiggroßen Augen, und ich erlebe nun selbst, dass Kühe weinen können.

„Fleischessen ist ein Verbrechen!"

Jeden, der Fleisch isst, sollte man hier durchschicken, jeder müsste es sehen, von Anfang bis Ende.

Das alles ersparen Sie sich, wenn Sie sich <u>nicht</u> von gequälten Leichen ernähren.

Vor mir liegt ein Buch von einem berühmten Arzt, den eigentlich jeder kennen müsste. Er schreibt:

Das Tier frisst die Pflanze, und wir essen den

„Abschaum des Todes, die Leichenteile".

Ein Pferd zum Beispiel wird groß, schön und spritzig durch die

Pflanze, den Hafer.

Warum kehren wir nicht direkt zur Pflanze zurück, die uns die volle Lebenskraft gibt?

Die Endabbaustufen von Fleisch und tierischen Produkten sind bevorzugt Säuren und auch Leichengifte wie

Indol,
Skatol und
Putrescin.

Das sind drei Leichengifte, die die Menschen täglich zu sich nehmen.

Seit zweieinhalb Jahren rätsel ich, warum die Menschen vor ca. 2000 Jahren Barabbas geschrien haben, immer wieder habe ich mich das gefragt, immer wieder und immer wieder.

W a r u m ?

Heute, Ende April 2009, weiß ich es. Schon damals ging es ums Tiereessen. Die Tieresser waren auch damals schon in der Mehrzahl. Die Vegetarier in der Minderzahl.

Jesus war Vegetarier und kein Mörder.
Barabbas war ein Mörder und Fleischfresser.
Darum sollte Jesus von Nazareth sterben, weil er für den Vegetarismus war. Die Tierfresser waren in der Mehrzahl und stimmten für den Mörder und Tierfresser Barabbas.
Durch die Barabbas-Schreier mussten auch die Tiere seit 2000 Jahren elendig sterben.

Auch heute sind die Barabbas-Schreier wieder in der Mehrzahl. Wir haben 2009 und keiner kann Jesus etwas Böses antun. An Jesus von Nazareth kommt niemand mehr ran. Das ist für mich ein schönes Gefühl.

Wenn ihr, liebe Leserinnen und Leser, Jesus liebt, dann holt es nach, was vor ca. 2000 Jahren nicht möglich war, und schreit in eurem Herzen diesmal alle

„Jesus“.

Werdet aus Liebe zu Jesus von Nazareth

Veganer.

Heute ist Jesus von Nazareth der mächtigste Mann der Welt. Er könnte uns alle vernichten, wenn er es wollte. Er tut es aber noch nicht. Jesus will es noch einmal mit Güte versuchen.

Liebe Leserinnen und Leser, ihr wisst ja, dass ich eine Verbindung zu Jesus von Nazareth habe, einen sogenannten

„Draht nach oben".

Ich habe in den ca. drei Jahren viel erlebt und weiß heute sehr viel. Zum Beispiel wie es oben bei Jesus ist. Dort ist es wunderschön. Ich war für eine gewisse Zeit oben bei Jesus. Ich habe meinen kleinen Liebling, meinen Dämon Tobi, besucht.
Es war herrlich. Der liebste Spielkamerad von meinem Tobi ist Oscar, meine erste Ente. Die zwei verstehen sich super. Ich hatte mich riesig gefreut, meinen Oscar wiederzusehen. Dann war plötzlich in der Wand aus Wolken eine riesengroße runde Öffnung und man konnte von oben auf die Erde schauen. Jesus hat für mich eine Öffnung ausgesucht, wo man viel Wasser und viele weiße Tiere, Enten, Gänse, Schwäne, sehen konnte. Jesus weiß, dass ich diese Tiere liebe.
Das war so schön. Ich werde diese schöne Zeit bei Jesus oben im Himmel niemals vergessen.

Wenn man hier auf Erden nach der

„Lehre Jesu, der Bergpredigt
und den zehn Geboten"

lebt, kommt die Seele, wenn man stirbt, zu Jesus. Das Leben nach dem Tod ist so schön. Man kann sich die ganze Welt anschauen. Man bekommt kleine Aufgaben von Jesus und vieles mehr.
Wer aber ein „Barabbas-Schreier" bleibt, der Menschen und/ oder Tiere tötet, quält oder Tiere isst usw. oder andere sehr schwere Taten vollbringt, den schickt Jesus im wahrsten Sinne des Wortes

„zum Teufel“.

Ich kenne den Teufel. Ich habe ihn mit eigenen Augen gesehen.

Ich habe euch ja erzählt, dass ich mit eigenen Augen gesehen habe, wie stellvertretend für alle „Täter“ eine Person tief unten in der ewigen Finsternis verschwand. Auch wie es dort zugeht, weiß ich. Die Seelen kommen aus der Hölle nicht mehr raus. Der Teufel sorgt dafür, dass sie entsetzliche Qualen erleiden. Sie schreien nur noch. Und das für die

„Ewigkeit“.

Es gibt also doch eine Gerechtigkeit.
Ich hatte nicht daran geglaubt, bis ich Jesus von Nazareth kennengelernt habe.

Sonja Marquardt
im Jahre 2009

Wir haben Mitte Mai 2009

Heute Nacht hat Jesus mich besucht.
Ich habe mich riesig gefreut.

Jesus sah folgendermaßen aus:

Hübsch wie immer!
Haare schwarz, nicht ganz
kurz, ohne Bart.

Jesus von Nazareth war
angestrahlt von einem
wunderschönen Licht.

Das hat mir sehr gut gefallen.

Danke, Rabbi,
das war sehr lieb von dir.

Ich werde Jesus von Nazareth so als „Bild“ in Erinnerung behalten.
Ich halte es ganz, ganz fest in meinem Herzen und gebe es nie wieder her.

Wir haben Ende Mai 2009

Ich hatte Sehnsucht nach Jesus. Nach dem Einkaufen bin ich zu Rabbi gefahren. Auf dem kleinen Weg zu ihm kam mir ein junger Mann entgegen. Er grüßte freundlich.
Am Ende des Weges blieb ich stehen und blickte zu dem kleinen rechten Gebäude. Das Erste, was ich sah, waren die schönen Blumen. Ich habe mich sehr gefreut, dass man Jesus nicht vergessen hat. Das kleine Kreuz (mein Lieblingskreuz, wenn ich es so nennen darf) auf der rechten Seite konnte ich nicht sehen. Ich blickte nach links und ging zu den drei Kreuzen. Auch dort waren frische Blumen und Pflanzen zu sehen. Da wird Jesus sich gefreut haben, dass man ihn auch dort nicht vergessen hat. Es war alles wie sonst. Ich habe Rabbi begrüßt und bin zu dem anderen Gebäude gegangen. In der Zwischenzeit kam der junge Mann noch mal zurück und setzte sich auf eine Bank. Ich fragte ihn: „Sind Sie der Gärtner?" „Nein", sagte er und lachte und meinte, er arbeite dort drüben und er mache nur eine kleine Mittagspause.
Dann ging ich zu meinem Lieblingskreuz.
Aber was ich da sah, erschreckte mich.
Bis jetzt sah Rabbi auf dem Kreuz so aus, wie ich ihn immer gesehen habe: ohne Vollbart.
Jetzt komme ich dorthin und dieses Mal sieht Jesus anders aus. Warum macht Jesus das?
Ich weiß es:
Jetzt sieht Jesus wieder so aus, wie die Menschen sich ihn vorstellen: mit Vollbart.

Das war für mich das Zeichen, dass die wahre Geschichte zu Ende ist. Ich war sehr traurig und musste das Ganze erstmal emotional verkraften.

Ich sah und hörte um mich herum überhaupt nichts mehr. Wie betäubt ging ich zu meinem Auto. Dadurch hatte ich ganz

vergessen, zu dem jungen Mann, der auf der Bank saß, „Auf Wiedersehen“ oder „Tschüss“ zu sagen.
Er mag mir verzeihen, dass ich so unhöflich war. Es hatte nichts mit ihm zu tun.

Alles ist einmal zu Ende.
Auch die schönste wahre
Geschichte.

Auch meine Liebe zu Jesus von Nazareth ist unsterblich!

Jetzt habt ihr, liebe Leserinnen
und Leser, Jesus von Nazareth
kennengelernt.

Jesus von Nazareth ist ein
wunderbarer Mensch,
ein traumhafter Ehemann
und ein liebevoller Vater
seiner Kinder

und

ein gerechter Gott.

Gebet

Unser Vater, der du bist im
Himmel, geheiligt sei dein Name.
Dein Reich komme. Dein Wille geschehe
auf Erden wie im Himmel.
Unser tägliches Brot ohne Tierkadaver
gib uns Tag für Tag
und die Frucht des lebendigen
Weinstocks. Und vergib
uns unsere kleinen Sünden.
So mögen auch wir vergeben
die kleinen Sünden
anderer. Verlasse uns
nicht in der Versuchung.
Erlöse uns vom Bösen.
Denn dein ist das Reich
und die Kraft und die
Herrlichkeit in alle Ewigkeit.

Amen.

Heute ist der

20.08.2009.

Wie habe ich mich auf diesen Tag gefreut. Ich kann es keinem Menschen beschreiben. Für mich ist der 20.08. der schönste Tag im Jahr.

Ich bin mit Ricky zu einem See gefahren.
Wir kommen dorthin und ich war total überrascht. Wunderschön zum Anschauen. Das Erste, was ich sah, war eine große Hütte und das Zweite waren die vielen, vielen Tiere, Enten, Schwäne. Es war wunderschön. So etwas Schönes hatte ich nicht erwartet.
Es erinnerte mich sofort an

unsere Hütte am See.

Danke, Jesus, es war ein wunderschöner Tag, unser

„dritter Jahrestag".

Danke, Jesus, ich habe dich sehr, sehr lieb.

Deine Sonja

Buchzensur

Wir haben den 4. Oktober 2009.

Heute Abend lief im Fernsehen auf dem Kanal „Phoenix“ um 20.15 Uhr die Reportage „Index – Die Schwarze Liste des Vatikans“. Mit dem Kirchenhistoriker Hubert Wolf rollt Wolf von Lojewski (Journalist) die Fälle Luther, Galileo und Darwin neu auf. Es war eine sehr interessante Sendung. Auch andere historische Ereignisse wurden erläutert.

Ich habe mich mein ganzes Leben gefragt:
Warum hat die Kirche den armen Juden im Dritten Reich nicht geholfen?

Heute weiß ich es. In der oben genannten Reportage ist das „Kapitel Hitler“ angesprochen worden. Da Staat und Kirche nicht getrennt waren und Hitler das Staatsoberhaupt war, war nach Ansicht der Kirche Hitler von Gott gewollt. Also mit anderen Worten: Wenn Staat und Kirche nicht getrennt sind, kann ein Staatsoberhaupt machen, was er will, selbst solche Gräueltaten wie den Holocaust.

„Er ist ja von Gott gewollt.“

„Unfassbar.“

Es wird doch wohl kein Mensch auf der Welt glauben, dass der Holocaust von Gott gewollt war.

Wieder ein Beweis, dass

Staat und Kirche

<u>getrennt</u>

werden müssen.

Hitler antwortete einmal auf eine empörte Frage, wieso er dazu käme, die Juden umzubringen: „Ich tu nur den Kirchen einen Gefallen. Luther wollte doch alle Juden umbringen. Jetzt mache ich das für ihn."
Martin Luther verleumdete die jüdische Bevölkerung und forderte ihre Verfolgung.
Luther: (Auszug) „Wenn ich könnte, so würde ich ihn (den jüdischen Mitbürger) niederstrecken und in meinem Zorn mit dem Schwert durchbohren. Diese Taugenichtse und Ausplünderer sind keiner Gnade und keines Mitleids wert."

Martin Luther forderte dazu auf, die jüdischen Häuser und Versammlungsorte zu vernichten.
„... dass man ihre Synagogen oder Schulen mit Feuer anstecke, ... dass man auch ihre Häuser desgleichen zerbreche und zerstöre ..."
Martin Luther über die Juden: „Weg mit ihnen!"

Luther bezeichnete sich als den „Propheten der Deutschen".
Jesus von Nazareth hat vor 2000 Jahren schon vor den

„falschen Propheten"

gewarnt.

Leider habe ich mich heute, am 18.10.2009 (ca. 17 Uhr), spät in eine laufende Sendung im Fernsehen eingeschaltet. Es ging darum, dass es bestimmte Essgewohnheiten bei einigen Religionen gibt.
Die Juden bereiten ihr Essen koscher zu, d. h., das Tier, das sie verspeisen, muss vorher auf bestimmte Weise ermordet werden. Der Islam fordert auch ein bestimmtes Ritual beim Tiermord. Das Tier bekommt die Kehle durchgeschnitten, damit es ausblutet.
Es gab ein Gespräch zwischen einer Moderatorin und einem Religionsprofessor der katholischen Kirche. Unter anderem meinte die Moderatorin: „Jesus war aber doch Vegetarier. Wie steht die katholische Kirche denn dazu?"
Liebe Leserinnen und Leser, ihr werdet es nicht fassen, was der Professor der katholischen Kirche da geantwortet hat:

> Jesus hätte damals kein
> Geld gehabt, sich Fleisch zu
> kaufen, darum sei er
> Vegetarier gewesen.

Als ich den Schwachsinn hörte, kochte ich vor Wut.
Jesus von Nazareth war überzeugter Vegetarier. Seine Religion beinhaltete den Vegetarismus.

Jesus von Nazareth bekam damals viele Geschenke in Naturalien. Fleisch hätte er niemals angenommen. Übrigens hat Jesus von Nazareth selbst genug Geld verdient. Und zudem kam seine Ehefrau Maria Magdalena aus einer nicht armen Familie. Auch die Mitglieder dieser Familie waren Vegetarier.

Also halten Sie sich zurück mit Ihren idiotischen Äußerungen, Herr Professor der katholischen Kirche.

Wir haben heute Samstag, den 21.11.2009.
Dieser Tag ist mit der schrecklichste und grausamste Tag in meinem Leben.

Mein geliebter Sonnenschein

Ricky,

der fast 16 Jahre lang mein treuester Gefährte war, ist tot.

Ich kann das Unfassbare noch gar nicht begreifen.

Der Verlust von meinem geliebten Ricky wird immer eine große Lücke in meinem Leben sein.

Ein wunderschöner Trost:

Ricky ist bei meinem Rabbi,
bei Tobi und Oscar.

Alle Tiere auf der Welt haben eine Seele! A L L E !

Yayet = sprich Jeijet

Der Schmerz um den Verlust meines geliebten Yorkshire-Terriers Ricky war sehr groß. Aber es gibt noch so viele arme Tiere, die ein schönes Plätzchen suchen. Und so entschloss ich mich, im Internet nach einem Hund Ausschau zu halten. Und so kam ich zu Yayet.

Yayet ist ein ganz armes Kerlchen. Er kommt aus Spanien und muss dort vor ein Auto gelaufen sein. Er hatte ein verletztes Beinchen und der Kiefer war gebrochen. Die Tierschützer, die ihn fanden, haben Yayet nach Deutschland gebracht und haben ihn hier operieren lassen. Er hat Schlimmes erdulden müssen. Der Kiefer war gebrochen und ist genagelt worden. Das Beinchen wurde zweimal operiert. Der Kiefer ist gut verheilt, aber das Beinchen ist nicht mehr zu verbessern. Yayet wird mit seiner Behinderung gut fertig und von mehreren Tierärzten wurde mir bestätigt, dass Yayet am Beinchen keine Schmerzen hat. Und wir tun alles, damit es meinem geliebten, süßen Yayet gutgeht. Yayet wurde damals in eine Pflegefamilie gegeben. Und so kam ich am 23.12.2009 zu meinem geliebten Yayet. Er war mein Weihnachtsgeschenk. Danke Jesus, dass du mich zu ihm geführt hast! Du hast gewusst, dass da ein armes, süßes Kerlchen auf mich wartet.
Danke, danke, Rabbi!

Am 21.12.2009 rief ich bei den Tierschützern an und fragte, ob der Hund Yayet, der im Internet abgebildet war, noch zu haben sei. Und die Tierschützer sagten, dass Yayet noch ein Plätzchen sucht. Yayet könne sehr schlecht laufen. Das Beinchen sei inoperable, sonst würden sie ihn operieren lassen.
Aber gerade einen gehbehinderten Hund wollte ich, denn ich habe alles da, um einen gehbehinderten Hund glücklich zu machen, und zwar einen Buggy (speziell für Hunde) sowie ein Fahrrad mit Anhänger. Der Anhänger ist auch für Hunde.

So können wir schön spazieren gehen, Yayet läuft, solange er möchte, und wenn es ihm zu anstrengend wird, will er von selber wieder in den Buggy. Das ist super. Dann habe ich ja noch ein Fahrrad mit Anhänger. Das haben wir noch nicht ausprobiert, denn hier liegt noch Schnee. Aber die Zeit kommt, dass wir schöne Radtouren machen können. Darauf freue ich mich sehr und ich glaube, dass das Yayet auch gefällt. Auto fährt er auch sehr gerne als „Copilot".

Ihr seht, liebe Leserinnen und Leser, auch einen gehbehinderten Hund kann man glücklich machen.

Es wäre schön, wenn viele Menschen so denken und handeln würden, denn den Hunden in den südlichen Ländern, wie Spanien, Italien usw. geht es miserabel. Auch in den östlichen Ländern, wie Rumänien, Polen, Ungarn, Türkei usw., geht es den Hunden schlecht. Es ist unvorstellbar, was die armen Hunde dort mitunter erdulden und erleiden müssen.
Vor Kurzem habe ich im Fernsehen Filme aus Rumänien gesehen. So etwas Grausames kann sich ein normaler Mensch gar nicht vorstellen.
Unter anderem haben rumänische Schweinhunde einem Hund die Füßchen abgehackt. Schwänze werden den Hunden abgetrennt. Grausame Brandwunden werden ihnen zugefügt und viele Gräueltaten mehr. Wenn ich alles aufzählen würde, würde es das Buch sprengen.
Und dieses Elend kommt nur daher, weil teilweise der Staat in einigen Ländern und teilweise die Religion einiger Länder den Menschen verbieten, Hunde in ihre Familien aufzunehmen.

Ja, was ist denn das für ein Staat und was ist das für eine Religion, die so etwas verbieten?

Gott Vater
und
Jesus von Nazareth
bitten die ganze Welt:

Kümmert euch liebevoll
um unsere armen „Streuner".
Nehmt sie in eure Familien
auf. Sorgt für sie.
Ihr tut es für:

Gott Vater
und für mich,
Jesus von Nazareth.

Gott Vater

und

Jesus von Nazareth

verbieten

der ganzen Welt

„Tiere zu züchten“,

egal welche.

Von der Natur aus, wie Gott sie geschaffen hat, sind genug Tiere auf der Welt. Kümmert euch liebevoll um die Tiere, die vorhanden sind.

Sterilisationen und Kastrationen sind erlaubt. Mit Vollnarkose durch einen Tierarzt.

Gott Vater und
Jesus von Nazareth
im Dezember 2009

Weihnachten 2009

Viele Menschen ahnen nicht, dass auch Frauen dazu fähig sind, süße unschuldige Tierkinder abzuschlachten. Jedes Jahr zu Weihnachten werden zum „Fest der Liebe“ massenweise süße Lämmchen auf Schäferhöfen auch von Frauen ermordet.

Ist Jesus von Nazareth ein Götzenbild-Gott, dem man Jahr für Jahr zu Ostern und Weihnachten, am „Fest der Liebe“, Tieropfer darbringt?

Jesus von Nazareth verbietet solche Gräueltaten.

Jesus von Nazareth
im Jahre 2009

Vor einiger Zeit habe ich im Fernsehen eine Reportage über Klöster aus einem östlichen Land gesehen.

Unter anderem wurde ein Frauenkloster gezeigt. Ein katholisches Nonnenkloster mit eigener Schlachterei. Ich war entsetzt. Wie ist so etwas möglich? Und das alles unter dem Namen von Jesus von Nazareth. Ich könnte mir sogar vorstellen, dass diese Tiermörder-Nonnen das Kreuz Jesu in ihren Schlachträumen hängen haben.

Jesus von Nazareth begegnet einem
Mann, der sein Pferd schlug.

Jesus: „Warum schlägst du deinen Bruder?“

Schläger: „Ich wusste nicht, dass das mein Bruder ist.“

Jesus von Nazareth hat vor ca. 2000 Jahren gesagt:

„Alle Tiere sind unsere Brüder
und Schwestern.
Und unsere Brüder und Schwestern
schlägt man nicht und isst man nicht.“

Ich hatte vor vielen Jahren ein schreckliches Erlebnis. Da ich sehr sportlich bin, wollte ich zu meinen anderen Sportarten auch Reiten lernen. Ich meldete mich in einem Reitverein an und bekam Reitunterricht. Ich hatte mir alles so schön vorgestellt. Endlich mal mit einem Tier etwas unternehmen. Aber es war alles andere als schön. Das, was ich und mein Schulpferd Tanja erleben mussten, war die Hölle. Bei jeder geringsten Kleinigkeit, die das arme Pferd angeblich falsch gemacht hat, bekam es von der Reitlehrerin Schläge. Auch ich wurde aufgefordert, fester zuzuschlagen.
„Das spürt sie sonst nicht“, war ihr Argument. Diesen Satz habe ich heute noch in den Ohren. Aber den Gefallen habe ich ihr nicht getan, meiner Tanja wehzutun. Darüber war sie wahrscheinlich so sauer, dass sie in einer nächsten Reitstunde etwas Entsetzliches getan hat.
Ich hatte einen „guten Sattelsitz“, wie man im Reitsport sagt, wenn man nicht so schnell aus dem Sattel fliegt. Und das muss sie so gewurmt haben, dass sie gedacht hat: Dir werde ich zeigen, wie man jemanden aus dem Sattel kriegt. Und so war es. Ich hatte mal wieder Reitunterricht und ritt ahnungslos. Da wandte sie einen „Hackentrick“ an, der jeden aus dem Sattel wirft und bestimmt einen Anfänger wie mich. Ich bin auf einen Balken aufgeschlagen. Hart aufgeschlagen! Im Moment dachte

ich, jetzt bin ich querschnittgelähmt. Aber ich bin aufgestanden, als wäre nichts gewesen. Ich dachte: Das ist ein Wunder. Ich habe die Reitlehrerin natürlich zur Rede gestellt, wieso sie zu so etwas fähig ist. Sie hat sich bei mir entschuldigt. Das war alles.
Ich habe dann weiterhin Unterricht genommen. Aber nicht mehr lange, denn die Tierquälerei nahm kein Ende. Mein armes Schulpferd musste sogar mit Satteldruck weitermachen. Ich hatte die Reitlehrerin darauf aufmerksam gemacht, dass das Pferd einen Satteldruck hat, aber das war ihr egal.
Wisst ihr, liebe Leserinnen und Leser, wie weh ein Satteldruck tut? Das tut so weh, wie wenn ihr offene Wunden an den Füßen habt und die Schuhe drücken und reiben alles noch wunder. Das sind unsagbare Schmerzen, genauso, wenn ein Pferd eine wunde Stelle auf dem Rücken unter dem Sattel hat, und der Sattel scheuert es immer noch wunder.
Es ist unfassbar, wozu Menschen fähig sind!

Dann habe ich aufgehört mit dem „Tierquäler-Sport". Das war nicht zu ertragen.

Was ich noch als eine unsagbare Tierquälerei beim Reiten empfinde, ist das „Auftrensen". Ich habe mich umgesehen und festgestellt, dass kein Pferd sich nicht gegen das Auftrensen wehrt. Aber der Mensch zwingt sie dazu.
Könnt ihr euch vorstellen, was ein Pferd an Qualen mitmacht, wenn es aufgetrenst ist und geritten wird? Die Pferde haben den Eisenstab im Maul. Dann wird vom Reiter nach rechts gezogen, dann mal nach links oder beides zur gleichen Zeit. Es tut einem Pferd unsagbar weh. Die Lefze eines Pferdes ist hochempfindlich. Jetzt könnt ihr euch die Schmerzen vorstellen, die die Pferde erleiden müssen.
Beobachtet ihr mal Pferde, wie diese sich bemühen, den „Mist" aus ihrem Maul zu kriegen.
Zwecklos! Die Menschen bemerken so etwas noch nicht einmal.

Jesus von Nazareth hat eine Bitte an alle Reiter dieser Welt:

Hört auf mit der Auftrenserei.
Man kann auch ohne
Auftrensen Reiten lernen.
Kauft keine Peitsche.
Benutzt sie niemals.
Reitet niemals ein Pferd, wenn
es einen Satteldruck hat.
Lernt gewaltloses Reiten:
ohne Auftrensen,
ohne Peitsche,
ohne Satteldruck,
ohne Sporen.

Und Sporen benutzen ist mit das Widerlichste, was man sich vorstellen kann.

Auch Sporen niemals
benutzen!

Ich habe viele Sportarten erlernt:
Surfen, Eiskunstlaufen, Tennisspielen, Skilaufen alpin. Und diese Sportarten habe ich alle mit Sportlehrern gelernt. Es war eine sehr schöne Zeit, an die ich mich heute noch gerne erinnere. Nur Reiten war mit das Schrecklichste, was ich in meinem Leben erlebt habe.

Zum Schluss noch eine Information.

Ein Pferd kann nicht schreien, wenn ihm wehgetan wird.
Ein Pferd muss die Qualen stillschweigend erdulden.

„Niemand merkt, wann die Schmerzgrenze überschritten ist“, so ein berühmter Pferdekenner.

„Ein Pferd belohnen, niemals bestrafen!“

Dem berühmten Sänger und Pferdeliebhaber gehorchen die Pferde, ohne dass er Peitsche, Sporen und Trense einsetzen muss.

Gott Vater, Jesus von Nazareth, Maria Magdalena und ich wünschen uns von ganzem Herzen, dass sich das

„gewaltlose Reiten"

auf der ganzen Welt durchsetzen wird.

Ein Gebot Gottes für die ganze Welt:

Nur diejenigen Menschen haben eine Berechtigung das Kreuz mit oder ohne Leib Christi

zu verwenden,

die nach der

„Lehre Jesu und der
Bergpredigt
sowie den zehn Geboten“

leben.
Die Lehre Jesu beinhaltet den Veganismus.

Januar 2010

Wieder das große „Amen" in der katholischen Kirche!

„Die missbrauchten Kinder Gottes"

Wieder einmal, wie schon so oft, wurden Kinder von katholischen Priestern missbraucht.

Unfassbar!

Warum bleibt der Aufschrei im Volk aus?
Weil den „guten" Katholiken der Schrei im Halse stecken bleibt!

Hier einige Auszüge von Kritiken von Lesern der Augsburger Allgemeinen vom 13.02.2010, Nr. 36:

Wir erzürnen uns zu Recht über Vergewaltigung auf dem Schulweg, sexuelle Vergehen des Onkels am Neffen oder Verfehlungen von Sportleitern an ihren Schutzbefohlenen.
In all diesen Fällen kocht die Volksseele, gepaart mit dem Ruf nach Strafen und schärferen Gesetzen. Seltsamerweise scheinen diese Mechanismen bei sexuellen Straftaten von Kirchenmännern nicht zu greifen.
Wann hat man zuletzt von einer rechtsgültigen Verurteilung eines Priesters gelesen?
Seit Jahrhunderten versteht es die Kirche vortrefflich, solche Straftaten zu verschleiern und die Täter aus den eigenen Reihen durch Versetzung und kollektives Stillschweigen vor der gerechten Strafe zu bewahren.

Wenn Kinder durch katholische Geistliche missbraucht werden, schweigt die Kirche, der Bürger gibt sich bedeckt, und die Presse bringt dies nicht auf der Titelseite.

Wenn sich so ein „Würdenträger“ an einem Kind vergeht, warum sollte man diesem Kind Glauben schenken, wo doch der Mann in dem schwarzen Gewand so ein „uneigennütziger, aufopfernder und überall beliebter und freundlicher Mensch“ ist.

Das in Berlin war ja wieder kein Einzelfall. Jährlich werden solche Vergehen und Vertrauensmissbräuche aufgedeckt. Und was macht die Kirche? Man entschuldigt sich oder zahlt Schweigegeld. Vielleicht versetzt man die „Vertrauensperson“, die dann wieder woanders auf Schutzbefohlene losgelassen wird.

Als Juvenatsschüler St. Augustin in Neuburg hat man sich nicht an uns vergangen, wir wurden „nur“ geschlagen und gedemütigt. Wir hatten scheinbar Glück.

Solche pädagogisch geschulten Personen, die auf junge Menschen losgelassen werden, dann aber das Vertrauen auf niedrigstem Niveau missbrauchen und mit Füßen treten, müssten ihres Amtes enthoben und genauso bestraft werden, wie all die anderen Sexualstraftäter:

„Gefängnisfreigang mit Kutte“

Ende der Zitate.

Können die Menschen von heute sich vorstellen, wie das Kirchenvolk 1700 Jahre lang „gewütet“ hat, da es damals noch keine Gesetze gab, um diesen Schweinehunden das Handwerk zu legen?

Menschenmorde,
Tiermorde,
Kinderschändung, auch
mit Todesfolge!

Und das alles unter dem Namen von

Jesus von Nazareth.

Jesus lebt.
Rettet Jesus!

„Spitzensport“

Heute, am 22.12.2010, lief im Fernsehen auf Kanal 1/Extra um 20.15 Uhr ein Film über Pferde mit dem Titel:

„Du armes Pferd, geliebt, gequält,
gedemütigt“

Der Reitsport ist mit die größte „Tierquälerei-Aktion“, die man sich vorstellen kann. Beim Springreiten werden den Pferden mitunter die hochempfindlichen Beine „schmerzempfindlich“ gemacht, damit sie noch höher springen. Barren nannte man das früher. Das wird auch heute noch so gemacht. Nur heute nennt man das Touchieren statt Barren. Es soll angeblich etwas „humaner“ sein. Schönfärben im Reitsport.
Die Pferde müssen mitunter 1,60 m hoch springen.

Viele Pferde werden im „Spitzensport“ kaputtgeritten. Ein Pferd hatte mit drei Jahren eine Belastungswehe. Sehr, sehr schmerzhaft. Das Pferd musste eingeschläfert werden. Grausam, ein dreijähriges Pferd ist noch sehr jung.

Noch ein grausames Vorgehen im Reitsport: das „tiefe Reiten“. Ich frage mich immer wieder, welches verblödete Gehirn sich so etwas einfallen lässt. „LDR“ heißt dieses Reiten und es ist nur für zehn Minuten gestattet, ein Pferd so zu reiten.
Wer sagt denn, dass es nicht schon nach fünf oder acht Minuten für das Tier unerträglich ist? Es steht keiner mit einer Stoppuhr da und kontrolliert das grausame Geschehen.
Es ist ein Missbrauch eines Pferdes, „LDR“ zu reiten.
Es ist schlimm, wenn Pferde gegen ihre Natur geritten werden.

Ein Fall aus diesem Film: Rosario hieß das Pferd. Es fürchtete sich wahnsinnig vor der Gerte. Es war seelisch und körperlich kaputt. Rosario hatte auch den Kiefer angebrochen. Drei Jahre musste das arme Tier die Qualen erleiden.

Gewalt beim Reiten, besonders auch durch „LDR".
Unfassbar, was Pferde mitmachen. So ein Sport müsste verboten werden. Und da schauen auch noch Menschen auf den Rängen der Reitanlage zu.
Sind diese Zuschauer besser als die Zuschauer beim Stierkampf?

N E I N !

Viele junge Pferde aus dem „Spitzensport" werden nach einem langen Leidensweg eingeschläfert. Das war dann ihr kurzes und grausames Leben.

Auch Reitschulen wurden gezeigt. Die armen Pferde stehen in ihren Boxen bis zu ihrem Einsatz. Sie sind nur Lernobjekte. Auch Schulpferde sind mit die ärmsten Tiere der Welt.

Fazit:

So ein „Sport" dürfte sich nicht „Sport" nennen und müsste verboten werden.

Tierquälerei

Auch in Ägypten ist die Tierquälerei heute noch in vollem Gange. Die Esel werden auch in der heutigen Zeit zur Arbeit herangezogen, bis zum Umfallen. Den Eselchen in Ägypten muss geholfen werden.
Tierliebenden Menschen wird bestimmt etwas einfallen, um die süßen Eselchen zu entlasten oder gar von der Last zu befreien.

Pferde werden benutzt und müssen bei enormer Hitze Urlauber durch die Städte kutschieren. Auch das versteht man unter Tierquälerei. Das geht auch anders.
Man kann die Urlauber auch mit Elektrorikschas oder mit anderen Elektrofahrzeugen durch die Städte fahren.

Wir haben Weihnachten 2010.

Ich habe von meinem Rabbi ein wunderschönes Geschenk zu Weihnachten bekommen.
In unserer Nähe befindet sich eine Metzgerei. Ich verabscheue diese Läden, das weiß Jesus. Und dieser Laden hat zugemacht. Ich habe mich erst gar nicht getraut, mich zu freuen, denn ich habe die ganze Woche vor Weihnachten immer Angst gehabt, sie machen den Laden wieder auf.
Aber jetzt steht es fest. Dieser entsetzliche Laden ist hoffentlich für immer geschlossen.

Ich kann mich erinnern, ich bin mal mit Ricky, meinem damaligen Hund, an dieser Metzgerei vorbeigegangen und habe etwas Entsetzliches erlebt.
Die Türe von dem Raum, wo die Tiere ermordet werden, stand offen und ein süßes kleines Kälbchen stand da und schaute zum letzten Mal für wenige Minuten das Tageslicht. Es war herzzerreißend. Und das Allerschlimmste ist, man steht machtlos da, starr vor Entsetzen, und kann dem Tier nicht helfen. Was sind das für Menschen, die versuchen, ihr Gewissen zu beruhigen, indem sie dem armen Wesen gestatten, noch einmal die Sonne zu sehen? Was diese Unmenschen da ermordet haben, war ein Kind, ein Tierkind.
Was sind das für grausame Menschen, die zu so etwas fähig sind?

Aber zum Glück hat mir Jesus ja inzwischen gezeigt, wo diese Menschen nach ihrem Tod hinkommen. Dort ist es so grausam. Jeden Tag werden sie ihre Taten bitterlich bereuen. Nicht 20 Jahre, nicht 50 Jahre, nein, die ganze Ewigkeit lang werden sie grausame Qualen erleiden. Und da, wo sie sind, gibt es kein Entrinnen mehr.

Dieses grausame Leben nach dem Tod haben diese Schweinehunde, die sich hier auf Erden Menschen nannten, verdient.

Danke, danke, Rabbi! Das war für mich das schönste Weihnachtsgeschenk.

Danke, Rabbi!

Deine Sonja

Januar 2011

Liebe Leserinnen und Leser. Ich habe euch erzählt, was ich von meinem Rabbi zu Weihnachten bekommen habe. Meine Freude darüber habt ihr ja miterlebt.

Aber leider bin ich von meinem eigenen Umfeld Weihnachten enttäuscht worden. Mein Sohn hat mir am ersten Weihnachtstag offenbart, dass er vor einem halben Jahr in die evangelische Gemeinde eingetreten ist. Der Grund, warum er der evangelischen Kirche beigetreten ist, ist mir unklar. „Der Leute wegen" oder damit seine „Kinder in der Schule keine Schwierigkeiten bekommen"? Das sind Gründe, die Jesus von Nazareth überhaupt nicht mag und auch nicht akzeptieren kann. Das sind keine freien Menschen, die zu so etwas gezwungen werden. Meine Enttäuschung war groß. Zumal mein Sohn weiß, dass ich eine direkte Verbindung zu Jesus von Nazareth habe und Jesus seine eigene Religion hat und somit mit Luther nichts zu tun hat. Aber die Luther-Religion gestattet ja das Tiereessen. Und das ist nämlich der tatsächliche Grund, zusätzlich zu den oben genannten Gründen. Ich habe es ihm auf den Kopf zugesagt. Er hat auch nicht gegenargumentiert.

Nun zu Luther

Luther hat nicht die Religion von Jesus von Nazareth übernommen.
Luther hat lediglich für sich und seine Leute das Heiraten übernommen. Er wusste aus ganz sicherer Quelle, dass Jesus von Nazareth verheiratet war. Auch hat Luther gewusst, dass Jesus dagegen ist, dass man wehrlose Babys tauft. Jesus wollte freidenkende Menschen.
Und um das Verbot der Babytaufe zu umgehen, hat die evangelische Kirche veranlasst, dass Kinder im Alter von 14 Jahren getauft werden. Luther wusste auch, dass „die Lehre Jesu" den Vegetarismus beinhaltet. Ferner wusste er, dass Jesus von Nazareth gegen jeden Prunk und Pomp ist. Und Luther wusste auch, dass Jesus gegen eine Steuererhebung für eine Religion ist. Also mit anderen Worten:

„Luther wusste alles!"

Luther hat sich von der katholischen Kirche abgesetzt. Für die katholische Kirche wäre es eine Kleinigkeit gewesen, Luther zu ermorden. Jesus von Nazareth hat Luther geholfen, diese Aktion zu überleben, in der Hoffnung, dass Luther anschließend seine komplette Religion übernimmt.

Als Luther realisierte, dass er das alles überlebt hat, kamen bei ihm statt Dankbarkeit die Geldgier und die Machtgier. Hätte er die Religion von Jesus übernommen, wäre er zu „klein" geblieben. Das heißt mit anderen Worten: Er wäre nicht mächtig und nicht reich genug geworden. Gar keine Kirchensteuern zu bekommen, das war ihm zu wenig. Zudem war Luther selbst ein leidenschaftlicher Tierfresser.
Übrigens war Luther auch für die Hexenverbrennung. Das noch dazu!

Martin Luther: (Auszug) Frauen mit geistigen oder magischen Fähigkeiten foltern und töten. Die Zauberinnen sollst du nicht leben lassen. Es ist ein gerechtes Gesetz, dass sie getötet werden. Wenn sie sich nicht bekehren, werden wir sie den Folterknechten befehlen.

Ein Mitstreiter Luthers:
Gegen die Hexen beten, um sie zu entdecken und zu töten, damit die Henker Arbeit und Lohn erhalten.

So einen schäbigen, miesen Charakter hat Luther.

Nicht nur, dass Luther ein Fleischfresser war und einen schäbigen miesen Charakter hatte, Luther war auch ein Mörder.

Der Bauernkrieg ist die erste Revolution auf deutschem Boden.
Die Fürsten und die Kirche beuteten die Bauern dermaßen aus, dass die Bauern selber kaum noch etwas zu essen hatten.
Die Bauern lehnten sich gegen die Kirche und die Fürsten auf.
Es kam zu einem Aufstand.
Doch die Fürsten ertränkten den Aufstand der Bauern mit Billigung Luthers 1525 im Blut.

Luther

Luther wusste, dass Jesus von Nazareth gegen das Babytaufen ist. Und um das zu umgehen, hat die evangelische Kirche veranlasst, dass Kinder im Alter von 14 Jahren zur Taufe gehen. Aber auch dieses Kindesalter hält Jesus von Nazareth für zu früh. In dem Alter lassen sich Kinder noch sehr von den Eltern, Großeltern und möglicherweise auch durch zusätzliche Menschen beeinflussen. Und somit sind Kinder im Alter von 14 Jahren keine freidenkenden Menschen.
Jesus wünscht, dass nur wirklich freidenkende Menschen im Alter ab 18 Jahren zur Taufe gehen.

Jesus von Nazareth

Die Taufe ist nicht absolut
erforderlich. Sie ist nur
ein Zeichen der Zugehörigkeit zur Religion von
Gott Vater und Gott Jesus
von Nazareth.

März 2011

Meine Schwester Irene ist gestorben. Ich kann das alles gar nicht fassen. Das Schlimmste ist, dass man meine Schwester, ohne mich zu verständigen, in ein Heim gegeben hat. Als ich das auf der Beerdigung erfuhr, war ich geschockt. Ich hätte meine eigene Schwester doch nicht im Stich gelassen. Ich hätte sie doch zu mir genommen. Ich war mit den Nerven am Ende. Ich wusste nicht mehr weiter.

Ich habe Jesus gebeten, mir zu helfen, darüber hinwegzukommen. Daraufhin bekam ich von Jesus ein wunderschönes Zeichen. Ein paar Tage später habe ich etwas sehr Schönes gesehen:

Irene, meine Schwester, ging über eine wunderschöne Wiese. Die Sonne strahlte vom Himmel, Sie hatte ein weißes Kostüm mit halben Ärmchen an und vorne auf der Brust war etwas Buntes zu sehen. Sie wirkte sehr glücklich und zufrieden.

Danke, Rabbi, dann hast du Irene zu dir genommen.
Danke, danke! Das werde ich dir nie vergessen.

Die große Gnade Gottes!

Jesus hat meine Schwester Irene zu sich genommen.

Irene wartet bei Jesus auf uns.

Ihr seht, liebe Leserinnen und Leser, ein Gott kann einem Menschen auch verzeihen, wenn ER es will.

Heute ist der 22.04.2011 – Karfreitag

Ich bin zu Rabbi gefahren. Ich habe zwei schöne rote Rosen mitgenommen und bin zuerst zu den drei Kreuzen gegangen. Ich habe Jesus begrüßt, eine der Rosen geküsst und sie durch das Gitter geworfen.
Die Rose ist wie von Geisterhand geführt genau in die Mitte gefallen, genau auf Jesus zu.

Dann habe ich mich von meinem Rabbi verabschiedet und bin zu dem anderen kleinen Gebäude gegangen. Dort habe ich auch die zweite Rose geküsst und sie durch das Gitter geworfen.
Jesus hat sich gefreut, dass ich zu ihm gekommen bin.

Im Jahr 2011 sagte Jesus zu mir, ich soll meinen Sohn warnen, er soll auf seine Kinder achten, es passiert etwas mit dem Auto. Daraufhin habe ich meinen Sohn gewarnt und eine Zeit später hatte er einen leichten Unfall und die Kinder waren im Auto. Es ist den Kindern zum Glück nichts passiert.

Ihr seht, liebe Leserinnen und Leser,

Jesus von Nazareth

weiß alles im Voraus.

Er weiß von uns Menschen alles, unter anderem auch, wann wir sterben, wie wir sterben, wo wir sterben.

September 2011

„Wir sind nicht Papst“

Bunter Protest zum Deutschlandbesuch von Papst Benedikt XVI. in der Hauptstadt.
Mit einer Startkundgebung am Potsdamer Platz demonstrierten 10 000 Menschen gegen die Sexualmoral und das Frauenbild der katholischen Kirche.

Auch am Tag nach seinem Deutschlandbesuch sorgt Papst Benedikt XVI. mit der Absage an innerkirchliche Reformen und mehr Ökumene sowie mit seinen Ausführungen zum Verhältnis von Staat und Kirche noch für Diskussionen.

Die Kirchen sind so überflüssig wie ein Kropf, zumal Papst Benedikt XVI. sich fälschlicherweise „Heiliger Vater“ nennt. Zudem haben sämtliche Päpste sich selbst zum Vertreter von Jesus von Nazareth ernannt.
Jesus von Nazareth hat niemanden zu seinem Vertreter erwählt. Kein Papst von Anfang bis heute hat jemals eine Verbindung „nach oben“ gehabt, nicht zu Gott Vater, nicht zu Jesus von Nazareth, zu niemandem.

Gerade die Kirchen müssten an ein Leben nach dem Tode glauben. Und wie ihr, liebe Leserinnen und Leser, bis jetzt erfahren habt, gibt es ein Leben nach dem Tod und somit ist Jesus von Nazareth nicht tot, sondern

„Jesus von Nazareth lebt“.

Und da Jesus von Nazareth lebt, braucht er auch keinen Stellvertreter auf Erden. Höchstens Assistenten. Und die bestimmt Gott Jesus von Nazareth selbst.

In der Friedberger Allgemeinen konnte ich heute, den 23. September 2011, in der Ausgabe Nr. 220 lesen, dass 25,2 Millionen Bundesbürger zur römisch-katholischen Kirche (Stand 2008) gehören. 24,5 Millionen Einwohner bekennen sich zur evangelischen Religion.

Darauf brauchen beide Kirchen nicht stolz zu sein, denn ihre Religionen, die mit Jesus von Nazareth und Gott Vater nichts zu tun haben, sind beide eine erzwungene Religion durch das Baby- und Kindertaufen. Man tauft keine wehrlosen Babys und keine Kinder und zwingt sie somit zu einer Religion, egal welcher.

Babys und Kinder taufen ist absolut nicht im Sinne von Gott Vater und Jesus von Nazareth.

Da die Baby-/Kindertaufe von Gott Vater und Jesus von Nazareth nicht anerkannt wird, kann sich jeder erwachsene Mensch ab 18 Jahren nochmal taufen lassen, wenn er es möchte.

Dieses Jahr Weihnachten, im Dezember 2011, bekam ich ein wunderschönes Weihnachtsgeschenk von meinem Rabbi. Ich durfte mithelfen, einem Kind das Leben zu retten.

Eine Zeit vor Weihnachten saß ich vor dem Fernseher und schaute mir die Sendung mit der Familie Geiss an. Es ist eine superreiche Familie. Carmen und Robert Geiss sind sympathische Leute und haben zwei Kinder (zwei Mädchen).

Ich sitze so vorm Fernseher und schaue mir den Film an und denke, mein Gott haben die Geissens ein traumhaft schönes Leben. Hoffentlich passiert den Kindern nichts. Ich dachte eher an eine Entführung. Und da ich ja eine direkte Verbindung zu Jesus habe, sagte ich zu meinem Rabbi: Die Geissens haben so ein schönes Leben, aber hoffentlich passiert den Kindern nichts. Die Carmen ist mir so sympathisch.
Sie hat mal vor der Fernsehkamera gesagt: „Ich trage keine Pelze. Für mich brauchen keine Tiere sterben."
Ich sagte zu Rabbi: „Ist das nicht toll von ihr, dass sie keine Pelze trägt, obwohl sie so reich ist? Das finde ich super, Rabbi. Bitte pass auf die Kinder auf."

Der Film war zu Ende und ich habe nicht weiter darüber nachgedacht.

Eine Zeit später, ein paar Tage, eine Woche, ich weiß es nicht mehr ganz so genau, schalte ich den Fernseher ein und in den Nachrichten wurde durchgegeben, dass der Großvater der Geissens mit den zwei Kindern mit dem Auto verunglückt ist.
Ich war entsetzt. Mein Gott, als wenn ich es geahnt hätte, dass etwas passiert.
Der Großvater saß mit den beiden Mädchen im Auto. Er kam mit dem Auto ins Schleudern und raste auf einen Abhang zu. Er sagte zu den Kindern, sie sollen aus dem Auto springen. Aber nur einem Kind ist dies gelungen, das andere Kind raste mit dem Großvater im Auto auf den Abhang zu, den sie nicht überlebt hätten, denn es ging sehr steil bergab laut Fernsehbericht.

Aber dem Kind und seinem Großvater ist zum Glück nichts passiert. Mein Rabbi hat meine Bitte erhört und hat dem Kind geholfen.
Für meine Begriffe hat auch Carmen ihrem Kind das Leben gerettet, indem sie keine Pelze trägt. Und das hat Jesus von Nazareth ihr gedankt.

Ich sehe heute noch vor mir, wie Robert Geiss nach dem Unfall nach oben in den Himmel schaut und sagt: „Da oben muss doch einer sein."
Ich sagte in dem Moment:

„Ja, Robert da oben ist einer!"

Jesus sagte einmal zu mir: „Alle Tiere auf der Welt sind meine Kinder, egal ob Kuh, Kälbchen, Rind, Schwein, Hase, Hund, Katze, Vögel, Schafe, Lämmchen usw. Und wer meine Kinder nicht misshandelt, nicht ermordet, nicht isst, dem wird auch seinen Menschen-Kindern geholfen."

Jesus von Nazareth
im Jahre 2011

Da ich Jesus über fünf Jahre kenne, weiß ich, dass er alles kann. Er kann ein Auto in eine gute Richtung lenken, wenn er es will!!!

Danke, Rabbi. Du bist der wunderbarste Mensch der ganzen Welt.

Und so, wie ich die Carmen einschätze, wird sie sich, nachdem sie das Buch von dir gelesen hat, mit einem wunderschönen Blumenstrauß bei dir persönlich bedanken.

Deine Sonja

Silvester 2012

Wir haben den Abend gemütlich vor dem Fernseher verbracht. Es gab wie jedes Jahr ein tolles Programm.
Es gab etwas Leckeres zu essen und um 12 Uhr nachts haben wir ein Gläschen Sekt getrunken. Eine Zeit später hielt ich ein leeres Glas Sekt in der Hand und es zerbrach.
Auweh, das war kein gutes Zeichen für mich für das Jahr 2012. Ich hatte mich so auf das Neue Jahr gefreut. Aber durch einen Autounfall hatte mein Familienmitglied große Schulden. Die schreckliche Zeit werde ich nie vergessen. Aber mein Sohn Kurt und dessen Ehefrau Petra haben uns geholfen.
Über meine Mitmenschen habe ich mich auch ärgern müssen, weil sie mir einfach nicht glauben, dass ich eine Verbindung zu Jesus von Nazareth habe und wir miteinander ein Buch schreiben. Ich sagte, dass man mir nicht glaubt, ist schon traurig genug. Aber, dass man mich noch für dumm hält, das war schlimm. Wenn das Buch ein Roman wäre, würde es mir gehören und ich verdiente durch den Erlös ein bisschen Geld. Aber es ist kein Roman. Ich würde Jesus von Nazareth niemals betrügen.
Der Erlös des Buches von Jesus von Nazareth wird nur zur Rettung ganz armer Kinder und ganz armer Tiere auf der Welt verwendet. Das wird durch einen Rechtsanwalt festgelegt.

Mein Sohn meinte, das war bestimmt eine Prüfung von Jesus von Nazareth. Er wollte sehen, ob er mir vertrauen kann. Ich habe darüber nachgedacht und bin zu dem Ergebnis gekommen, er könnte recht haben, dass Jesus mich prüfen wollte. Ich würde Jesus von Nazareth niemals betrügen, in meiner schlimmsten Situation nicht.
Dann habe ich die Prüfung von Jesus von Nazareth ja

„bestanden“.

An dieser Stelle möchte ich mich ganz herzlich bei Jesus von Nazareth, meinem Sohn Kurt und dessen Ehefrau Petra bedanken. Ohne die „drei“ hätten wir es nicht geschafft.

Danke, danke, danke!

Sonja

März 2012

Liebe Leserinnen und Leser, ich habe euch ja erzählt, dass wir, Gott Vater, Jesus von Nazareth, Maria Magdalena und ich, Kindern und Tieren auf dieser Welt helfen wollen. Damit ihr wisst, welche Kinder wir meinen, erkläre ich es euch kurz.

Schulen, Müllabfuhr und sauberes Wasser sind für uns eine Selbstverständlichkeit.
Ein Slum ist ein Ort, an dem sehr arme Menschen leben. Die Hütten sind sehr klein und es wohnen manchmal bis zu acht Menschen auf engem Raum. Solche Orte gibt es meistens in Afrika und Asien. Aber es gibt auch Slums in Ländern, die reich sind, z. B. in Amerika.
Die Menschen versuchen, ihre Hütten sauber zu halten, aber es gelingt ihnen nicht. Sie haben kein sauberes Wasser. Die meisten Menschen werden krank, darunter viele Kinder.

Jesus von Nazareth hofft, dass ihr, liebe Leserinnen und Leser, uns bei der Aktion unterstützt,

Kindern aus Slums und
Straßenhunden auf der
ganzen Welt zu helfen.

Sauberes Wasser

Was für uns selbstverständlich ist, nämlich den Wasserhahn aufzudrehen, ist für

26 Millionen in Europa,
78 Millionen in Lateinamerika,
300 Millionen in Afrika und
693 Millionen Menschen in Asien

nicht möglich.

Leidtragende sind hauptsächlich Frauen und Kinder.

Die Gründe für unzureichenden Wasserzugang sind unterschiedlich. Teils gibt es nicht ausreichend Brunnen, in den heißen Ländern herrscht Dürre, teils wird der Zugang verweigert, manchmal aus politischen Gründen oder durch Großgrundbesitzer. Mitverantwortlich ist nicht zuletzt auch die Profitgier, durch die Schlagwörter „Globalisierung" oder „Weltmarkt" bekannt. Lebensmittel werden heutzutage zunehmend in Ländern ohne ausreichenden Niederschlag angebaut.
Seit den 1980er-Jahren konnte durch Maßnahmen der Umweltpolitik in Deutschland der Trinkwasserverbrauch in der Industrie und in den Privathaushalten deutlich gesenkt werden. Damals rechnete man mit einem Pro-Kopf-Verbrauch von ca. 200 Liter täglich.
Durch Brauchwassernutzung, Wasserkreislaufanlagen und private Einsparungen sind wir zur Alltagsbewältigung bei ca. 130 Litern täglich angekommen.
Doch die Trinkwassermenge erhöht sich drastisch, wenn man unseren Konsum dazurechnet.
Fachleute des „UNESCO-Institute for Water Education" ermittelten den Verbrauch zur Erzeugung von Lebensmitteln und Industrieprodukten – dieser Wasserbedarf wird deshalb als „virtuelles Wasser" bezeichnet.

Stark beteiligt ist die Intensivtierhaltung, denn hier wird Futter extra angebaut. Bei Rindern kommt der sogenannte „Wasserfußabdruck“ wie folgt zustande: drei Jahre Fütterung bis zur Schlachtung, bis dahin hat das Rind 1300 kg Kraftfutter verschiedener Sorten bekommen. Dazu kommen 7200 kg Raufutter (Weidefutter, Heu, Silage) und 24 000 Liter Wasser zum Tränken. Somit ergibt sich für 1 kg Rindfleisch ein Wasserbedarf von 15 500 Litern.

Bei den Schweinen liegt der Wasserumsatz bei 4800 Litern pro 1 kg Fleisch.

Für Hühnerfleisch werden 3900 Liter Wasser verbraucht.

Ein Ei mit 60 g schlägt mit 200 Litern zu Buche.

Für 1 Liter Milch werden 1000 Liter verbraucht, bedingt durch den Wasserbedarf der Futterpflanzen.

Um 1 kg Käse zu erhalten, benötigt man 10 Liter Milch, das bedeutet 5000 Liter Wasser.

Diese Angaben basieren auf einem Bericht vom Tierschutzverein „aktion tier“ vom Juni 2012.

Zusammenfassend ist zu empfehlen:

ganz auf Fleisch zu verzichten!

Friedberger Allgemeine vom 22. Juni 2012, Nr. 142

„Fehlender Tierschutz“ in der Rubrik „Politik“

„Schweine vor Schlachtung unzureichend betäubt. Beim Töten von Schweinen und Rindern in deutschen Schlachthöfen kommt es nach Einschätzung der Bundesregierung teils zu besorgniserregenden Tierschutzproblemen.
Es gehe vor allem um Defizite bei der Betäubung, wodurch Tiere vor weiteren Schlachtarbeiten ‚das Wahrnehmungs- und Empfindungsvermögen wiedererlangen‘.
Die ‚Fehlbetäubungsrate‘ bei Schweinen liegt laut Regierungsangaben bei bis zu 12,5 Prozent, wenn per Hand bediente elektrische Betäubungsanlagen zum Einsatz kommen. Bei Rindern seien es Studien zufolge bis zu 9 Prozent (dpa).“

Ein Leserbrief in der Friedberger Allgemeinen vom 25. Juni 2012, Nr. 144 zum oben angeführten Artikel:

„Ein Skandal!

Zu ‚Schweine vor Schlachtung unzureichend betäubt‘ (Politik) vom 22. Juni:

Ganze acht Zentimeter war Ihnen der Bericht mit der euphemistischen Überschrift ‚Fehlender Tierschutz‘ wert!
Die erwähnten Fehlbetäubungsraten bedeuten, dass jedes Jahr

5 Millionen Schweine

bei lebendigem Leibe in kochendem Wasser getötet werden, dass

360.000 Rindern

bei vollem Bewusstsein der Bauch aufgeschlitzt wird!

Dies ist ein Skandal, der stärker in den Blickpunkt der Öffentlichkeit wandern sollte.“

Gott Vater und Jesus von Nazareth
sagen zum allerletzten Mal:

Hört auf mit dem Tieremorden.

Alle Tiere auf der Welt sind unsere Kinder.
Und unsere Kinder misshandelt und ermordet man nicht.

Gott Vater

und

Jesus von Nazareth

im Juni 2012

Verbrechen an Kindern

Welchen perversen Schweinehunden, die sich Menschen nennen, ist die Beschneidung der männlichen Genitalien und die Verstümmelung der weiblichen Genitalien bei Kindern eingefallen?

Unterstellen die Menschen dieser Welt Gott Vater einen Konstruktionsfehler bei der Erschaffung des Menschen, indem der Mensch sich anmaßt, den Fehler Gottes durch Beschneiden des Penis eines männlichen Kindes zu korrigieren? Genauso ist es bei den weiblichen Genitalien der Kinder, die in einigen Ländern auf dieser Welt verstümmelt werden. Auch hier hat Gott Vater keinen Fehler in der Erschaffung des weiblichen Menschen gemacht, den man zu korrigieren versucht.

Wehrlose männliche Kinder beschneiden und weibliche Genitalien der Kinder verstümmeln hat beides mit Religion nichts zu tun. Das ist ein Verbrechen an der Schöpfung Gottes.

Gott Vater gebietet der ganzen Welt:
Lasst meine Kinder Gottes, meine Geschöpfe, männlich wie weiblich so, wie ich sie erschaffen habe.

Es ist ein Verbrechen, männliche Kinder zu beschneiden und weibliche Kindergenitalien zu verstümmeln.

Gott Vater im Juli 2012

Hier ein Ausschnitt eines Leserbriefes an die Friedberger Allgemeine vom 9. Juli 2012, Nr. 156 zum oben genannten Thema.

„Unfug der Beschneidung:
Schon vor Jahrzehnten wetterten amerikanische Fachärzte gegen den Unfug der Beschneidung von Kindern. Sie geißelten dies als vorsätzliche Körperverletzung und somit als strafbare

Handlung. Kaum eines dieser misshandelten Kinder würde seine Zustimmung dafür abgeben.
Tradition hin oder her. Heute kann sich jedermann zu seiner Religionszugehörigkeit bekennen. Auch der Hinweis auf den Hygieneeffekt ist albern. Es gibt ja Seife und Wasser. Sonst müsste man auch Nase und Ohren einbeziehen und diese abschneiden."

Auch ich, Sonja Marquardt, möchte meinen persönlichen Kommentar zu dem genannten Thema abgeben.

Vor Jahren habe ich im Fernsehen einen Film über eine Beschneidung eines Babys gesehen. Es war ein junges Paar, das ihr Baby beschneiden ließ. Der Film war so grausam, den könnte man „Horror-Thriller" nennen. Aber es war ein Tatsachenfilm.

Ich habe noch nie in meinem Leben ein Kind so schreien hören. Das Köpfchen war dunkelrot/blau angelaufen. Das Kind bekam vor Schmerzen überhaupt keine Luft mehr.
Ich habe mich immer wieder gefragt: Wie kann eine Mutter so etwas zulassen? Es muss ein paar Jahre her sein, als ich den Film sah, aber das grausame Schreien des Kindes habe ich heute noch in den Ohren und das dunkelrote Gesicht des wehrlosen Babys werde ich in meinem ganzen Leben nie mehr vergessen.

Sonja Marquardt
im Juli 2012

Gestern, 12. Juli 2012, um 23.25 Uhr lief eine Talksendung mit dem Moderator Markus Lanz. Es waren einige namhafte Gäste anwesend und einige, die ich nicht kannte.
Unter anderem wurde das Thema „Beschneidung" angesprochen. Zu dem Thema hatte Herr Lanz eine bestimmte Dame eingeladen. Sie ist verheiratet und hat zwei Söhne. Beide Söhne wurden im Alter von acht Tagen beschnitten. Sie hat erzählt, wie alles vonstattengegangen ist. Die Beschneidung wurde von ihr dermaßen verharmlost, im Vergleich, als wäre es ein Piekser wie bei einer Impfung. Und sie meinte noch, die Babys bekommen Alkohol, damit sie das nicht so spüren. Wie kann man einem Baby Alkohol geben? Das ist zusätzlich noch unverständlich. Soviel ich weiß, nehmen Frauen an dem Ritual gar nicht teil. Deshalb wissen sie auch nicht, was so ein armes wehrloses Wesen an entsetzlichen Qualen erleiden muss. Die Frauen haben ja gar keine Zeit, sich das Entsetzliche anzuschauen, sie müssen ja für das Fest sorgen. Es waren 120 Leute eingeladen. Wie kann man so eine Show abziehen für ein grausames Ritual. Als Herr Lanz zum Schluss zu ihr sagte: Wenn Gott die Beschneidung wollte, hätte er den Menschen doch gleich so gemacht. Sie glauben nicht, was diese „Type" da geantwortet hat:

„Wir helfen nach."

Es ist unfassbar, Gott Vater als einen Stümper in puncto Erschaffung des Menschen vor einem Millionenpublikum darzustellen, der nach ihrer Meinung nicht fähig ist, einen perfekten Menschen zu erschaffen, so dass die Beschneider noch das Werk Gottes vollenden müssen.
Für meine Begriffe sind solche Menschen, die so etwas tun und zulassen,

„geistig minderbemittelte Personen,
die sich leider Menschen nennen."

Mitte Juli 2012

Ein Kind (egal wo es sich auf der Welt befindet) soll bei Volljährigkeit mit 18 bzw. 21 Jahren selbst entscheiden, ob es beschnitten werden will. Die Einwilligung des Kindes ist absolut notwendig, denn sonst wäre die Beschneidung (egal, ob von einem Arzt oder von einer anderen Person vorgenommen) eine Körperverletzung, und als solche würde sie gegen das Menschenrecht auf körperliche Unversehrtheit verstoßen.

Keine Religion/Tradition
darf die Menschenrechte
verletzen.

Gott Vater und Jesus von Nazareth

„Bitte nur kein Mädchen“

In einigen Ländern wie China, Indien, einigen Balkanländern, ja sogar teilweise in Mitteleuropa sind Töchter unerwünscht.

A b t r e i b u n g

ist

Mord.

Dies gilt für die gesamte Welt.

Es sei denn, es geht um das Leben der Mutter oder des Kindes. Dann hat der Kindsvater sich entweder für das Leben seiner Frau oder für das Leben seines Kindes zu entscheiden.

Gott Vater

und

Jesus von Nazareth

im

Juli 2012

Europameisterschaft 2012 im Fußballspielen

Hundemorde in der Ukraine

Erschossen, vergiftet, verbrannt.

Streunende Hunde sind nicht gut fürs Straßenbild, schon gar nicht, wenn bei einem Fußballgroßereignis wie der EM ganz Europa zuschaut. Deshalb wird in mancher Stadt das Töten sogar staatlich organisiert.

Die Jäger sind mit fahrbaren Verbrennungsöfen unterwegs, die als „umweltfreundliche Maßnahme“ angeschafft worden sind. Die Firma, die die fahrbaren Öfen herstellt, wirbt dafür auf ihrer Internetseite und hat Bestellungen aus dem ganzen Land.

Die UEFA als Veranstalter der EM 2012 verweist darauf, dass sie niemals gefordert habe, die freilaufenden Tiere zu töten. Tatsächlich hat die Organisation für die Hunde aber vergleichsweise wenig Geld übrig.

600 Millionen Euro kostete der
Stadionumbau in Kiew.

Für die Kastration der Straßenhunde aber zahlte die UEFA
gerade mal rund 8.600 Euro.

In einem Land, das die europäische Übereinkunft zum Schutz von Haustieren so grausam missachtet, darf kein Sportfest stattfinden.

Ein ähnliches Bild hatte sich schon 2004 anlässlich der Olympischen Sommerspiele in Athen gezeigt:

Für die Straßenhunde galt der

„Olympische Frieden“

nicht.

Können diese entsetzlichen Länder keine Tierheime bauen? Und vor allen Dingen können die Menschen keine Hunde und/oder Katzen in ihre Familien aufnehmen?

Wenn Deutschland keine Tierheime hätte und nicht fast jeder Bürger einen Hund und oder eine Katze aufnehmen würde, hätten wir den gleichen Zustand.

Ein Hund ist doch mit das Schönste auf der Welt. Der treueste Kamerad, den man sich vorstellen kann.

Auch wenn man nicht viel Geld hat, kann man einen Hund und/oder eine Katze zu sich nehmen.

Liebe Leserinnen und Leser, ihr wisst ja, dass auch wir mitunter so wenig Geld hatten und trotzdem haben wir einen Hund und eine Katze, und wir alle vier sind nicht verhungert. Ich will damit sagen, auch wenn man arm ist, kann man sich ein Tier leisten, es lieb haben und versorgen.

Sonja Marquardt
im Jahre 2012

20.11.2012

Schon lange sagte ich zu Jesus, ich möchte so gerne mal vegan Essen gehen. Aber bis jetzt ist es mir leider nicht gelungen, ein veganes Lokal ausfindig zu machen.
Und jetzt hat mein Rabbi mir geholfen.
Er sagte vor ein paar Tagen zu mir: „Schau mal in die Zeitung."
Das tat ich natürlich sofort.
Aber ich wusste nicht, nach was ich suchen sollte.
Plötzlich fielen mir mehrere Bilder auf.
Und unter einem Bild stand:

„ohne Tiere".

Der abgebildete Mann ist 32 Jahre alt und er ist Veganer, d. h., er verzichtet nicht nur auf Fleisch, sondern auch auf tierische Produkte wie Eier und Milch.
Für sein Vegan-Restaurant „Ihlani's Restaurant" kauft er Obst und Gemüse im Tante-Emma-Laden um die Ecke. Das Soja für den veganen Döner bekommt er im Bio-Markt.
Ich habe mich riesig gefreut und habe gesagt: „Da fahren wir hin und essen ein leckeres veganes Gericht."
Es war ein ganz kleines, gemütliches Stübchen. Wir durften sogar meinen Hund mit reinnehmen. Das fand ich natürlich ganz toll.
An der Wand hing ein Bild. Ich fragte die Wirtin, wer ist dieser Mann auf dem Bild. Sie sagte einen Namen, aber ich konnte mit dem Namen nichts anfangen.
Das merkte sie. Daraufhin sagte sie:

Das ist Jesus.

Da ich Jesus ja kenne, wie er in Wirklichkeit aussieht, habe ich immer wieder Schwierigkeiten, ihn zu erkennen.
Es sei denn, Jesus ist am Kreuz oder man sieht die Wundmale Christi, dann weiß man ja sofort, um wen es sich handelt.

Aber ohne diese Merkmale ist es für mich schwer, auf Anhieb ein Bild zu enträtseln.
Das war ein schöner Tag heute. Nächstes Jahr, 2013, fahren wir wieder hin und essen einen

„veganen Döner“,

den es leider nur donnerstags gibt.

Ich freue mich auf den veganen Döner und werde ihn hier bei mir zu Hause nachmachen für meine Gäste.

Danke, Rabbi, dass du mir geholfen hast, ein veganes Restaurant zu finden.

Deine Sonja.

Das ist ein schönes Weihnachtsgeschenk von meinem Rabbi 2012.

Weihnachten 2012

Das Fest der Liebe

Ich frage mich nur, wo bei den meisten Menschen die Liebe bleibt. Wahrscheinlich bei sich selbst und dem Gänsebraten, Schweinebraten und noch vielen weiteren Braten.
Seit sechs Jahren kenne ich Jesus von Nazareth. Aber wenn ich zurückblicke, ob die Menschen sich gebessert haben, muss ich leider sagen:

„N E I N ! “

Im Gegenteil, alles ist noch viel schlimmer geworden. In unserer Nähe befindet sich ein Bauernhof. Als ich vor sechs Jahren dort vorbeiging, waren in der Abzäunung einige Gänse untergebracht. Wenn ich heute (sechs Jahre später) dort vorbeigehe, sehe ich massenweise Gänse.

Eine Zeit lang hat man sich darangehalten, dass man keine Pelze mehr trägt.
Schlägt man die Zeitung auf oder schaut Fernsehen, wird man eines Besseren belehrt:

„Frau trägt wieder Pelz.“

Ein trauriger Rekord.
Keiner, der Pelze trägt, kann sich herausreden, er wusste ja nicht, dass dafür Tiere in engen Käfigen vegetieren, abgeschlachtet, teils bei lebendigem Leib gehäutet und ihre toten Körper entsorgt werden.

Zwei Leserinnen der Friedberger Allgemeine vom 7. Dezember 2012, Nr. 283 schreiben:
„Keiner weiß so genau, was nach unserem Tod mit uns passiert. Sollte es wirklich ein Leben nach dem Tod geben, wäre

es nur gerecht, wenn sich Pelzträger in einer Pelztierfarm im Käfig wiederfinden."

Liebe Schreiberinnen, wenn ihr das Buch von Jesus von Nazareth gelesen habt, wisst ihr, dass es ein Leben nach dem Tod gibt. Und dort, wo diese Menschen hinkommen, ist es genauso grausam wie in den engen Käfigen, mit allem, was die Tiere mitgemacht haben.
Darauf gibt euch Jesus von Nazareth

„Brief und Siegel".

Noch ein trauriger Rekord

Tierversuche:

Noch nie starben in Deutschland so viele Tiere in Laboren wie 2011.
Trotz neuer Gesetze und Alternativen zählt die Statistik der Bundesregierung

29 Millionen Experimente.

Dabei haben sie für den Menschen kaum Aussagekraft.

Affen	1796
Hunde	2474
Katzen	585
Kaninchen	87 700
Schweine	15 633
Hamster	4844
Meerschweinchen	26 219
Ratten	403 490
Reptilien	1075
Amphibien	8945
Vogel	106 203
Fische	199 758
Mäuse	2 036 606

Sie werden verstümmelt, verstrahlt, vergast, verbrannt und ermordet.

Die Tierrechtsorganisation PETA beschreibt auf ihrer Internetseite sehr anschaulich, welche Qualen Tiere in Tierversuchslaboren zu erleiden haben.

Und die Zahl der Tiere, die für medizinische und wissenschaftliche Tests herhalten müssen, steigt seit Jahren kontinuierlich.

Das belegt die aktuelle Statistik der Versuchstierzahlen, die jetzt vom Bundeslandwirtschaftsministerium veröffentlicht wurde. Darin steht deutlich: An rund 2,9 Millionen Tieren wurden im vergangenen Jahr Tests durchgeführt. Das sind knapp zwei Prozent mehr als im Vorjahr.

Ein trauriger Rekord!

Dezember 2012

Tierquälerei

Brandzeichen sind in der Pferdezucht auf der ganzen Welt noch immer üblich.

Jesus von Nazareth sagt hiermit zum allerletzten Mal:

Hört auf mit der Tierquälerei,
egal in welcher Form und
egal bei welchem Tier.

Jesus von Nazareth

im Dezember 2012

Dezember 2012

Ein erschütternder Bericht im Fernsehen über Kindestötungen in Indien.

Nur kein Mädchen!

In Gegenden, wo es Arztpraxen gibt, in denen man per Ultraschall erkennen kann, ob es ein Junge oder ein Mädchen wird, werden Schwangerschaftsabbrüche gemacht, wenn es sich um ein Mädchen handelt, da die meisten Mütter keine Mädchen möchten.
Aber in Gegenden in Indien, wo weit und breit keine Ultraschalluntersuchung vorgenommen werden kann, werden die Babys ausgetragen, und wenn es ein Mädchen ist, wird es erbarmungslos umgebracht.
Eine Sprecherin im Fernsehen berichtete, dass es 14 Tötungsarten gibt, um ein Baby zu ermorden.
Eine Tötungsart ist: Man ertränkt das hilflose süße Baby.
Eine zweite Tötungsart ist, man wickelt das Baby in eiskalte Tücher und wartet, bis es tot ist.
Eine dritte Tötungsart ist: Man steckt Brei in die Nasenlöcher des Babys, damit es erstickt. Und es gibt noch viele weitere Tötungsarten.
Was ist das für eine Welt, wo solche Gräueltaten geschehen? Wie kann man so süße kleine Babys auf bestialische Art ermorden?
Es wurden einige Argumente genannt, warum die Eltern keine Mädchen wollen.
Unter anderem sagten sie, sie wären sehr arm, und wenn die Tochter heiraten möchte, hätten sie kein Geld für eine Mitgift.
Es ist in Indien Tradition, dass die Brauteltern eine bestimmte Summe an die Eltern des Bräutigams zahlen.
Dann ändert man die „Tradition“.
Man gibt, was man hat.

Hört auf mit den Kinder-
morden. Das ist abscheulich
und verbrecherisch.

Gott Vater und Jesus von Nazareth
im Dezember 2012

2013

Liebe Leserinnen und Leser, wir haben das Jahr 2013.

Und wir, Jesus und ich, haben seit einiger Zeit nichts mehr ins Buch eingeschrieben. Jesus hat mir eine Auszeit gegeben. Für diejenigen, die nicht wissen, was „Auszeit“ bedeutet: Jesus hat mir eine gewisse Zeit gegeben, um mich seelisch ein bisschen zu erholen.
Denn ganz ehrlich, mit so viel Grausamkeiten auf dieser Welt habe ich nicht gerechnet. Das war unendlich grausam für meine Seele, was ich in den Jahren erfahren musste.
Aber kaum hat man sich ein bisschen erholt und schaltet den Fernseher ein, geht das „Grauen“ wieder los.
Heute kamen schon wieder entsetzliche Filme. In dem Land Rumänien werden die Straßen von streunenden Hunden „gesäubert“. Unvorstellbar, wie die armen Tiere auf brutalste Art eingefangen werden. Die, die das brutale Geschehen überleben, kommen danach in Tötungsstationen statt in Tierheime. So ein Land wie Rumänien sollte sich schämen, Tötungsstationen für Tiere zu errichten. Hitler hat auch Tötungsstationen gebaut.
Bei Gott Vater und Jesus von Nazareth gibt es keinen Unterschied zwischen Menschen und Tieren. Menschen und Tiere sind gleichermaßen Geschöpfe Gottes und somit sind Tiere

„seine Kinder“.

Ein paar Tage später kamen die gleichen Filme aus Thailand. Auch diese Unmenschen sammeln die Hunde auf brutalste Art und Weise ein. Leute, die so etwas tun, sollen sich schämen, sich Menschen zu nennen, sie sind keine.
Auch gestern schaltete ich zufällig den Fernseher ein. In der Reportage wurde sage und schreibe einer Schlange bei lebendigem Leib ohne Betäubung der Leib aufgeschnitten und das Herz der Schlange wurde herausgerissen.
Wie kann man zu so etwas fähig sein?

Es ist egal, ob es eine Schlange oder ein anderes Tier ist, es empfindet den grausamen Schmerz wie jedes andere Tier und wie jeder Mensch.

Vor Kurzem kam eine Reportage über Indien. In Indien sind Kühe „heilig“ und werden somit angeblich nicht ermordet. Aber auch nur „angeblich“ werden sie nicht ermordet.
Der Zuschauer dieses Films wurde eines Besseren belehrt.
Massenweise werden Kühe in Nachbarländer tausende Kilometer weit an Lederverarbeitungsfirmen verkauft. Aus diesem Leder werden dann Schuhe hergestellt.
Die armen schon abgemagerten Kühe müssen einen Transport in großer Hitze tausende Kilometer weit ertragen. Dort angekommen wird ihnen ohne Betäubung die Haut abgezogen, damit alles schneller geht.
Wie kann man Schuhe, Taschen, Textilien aus Leder tragen, ohne ein schlechtes Gewissen zu haben?
Die neuen Materialien aus Software sind genauso schön und dafür muss kein Geschöpf Gottes entsetzliche Qualen erleiden.

Lederverarbeitete Ware darf
nicht hergestellt werden!

Schuhe, Stiefel, Taschen, Textilien können genauso schick und schön aus Software verarbeitet werden

ohne

stinkendes, mit lebensbedrohenden Chemikalien versehenes Leder.

Gott Vater

und

Jesus von Nazareth
im
Dezember 2013

Wir haben bald Weihnachten

2013

Ich freue mich gar nicht auf Weihnachten. Das erste Mal, dass ich mich nicht freue. Wieder ein „Schlachtfest".

Und dazu kommt noch, dass die entsetzlichen Länder wie Rumänien und Thailand ihre Straßen von Hunden „säubern".

Ich habe vor ein paar Tagen zufällig im Fernsehen gesehen, wie die thailändischen Unmenschen die Hunde bestialisch einfangen und irgendwo hinbringen.

Ich bin zusammengebrochen, als ich die armen Hunde sah, wie die Schweinehunde, die sich hier auf Erden Menschen nennen, mit den armen Hunden umgehen.

„Und die Welt schaut zu."

Am liebsten würde ich mich in Luft auflösen, damit ich mit dieser grausamen Welt nichts mehr zu tun habe.

Aber ich muss Jesus von Nazareth und den Tieren zuliebe durchhalten.
Das bin ich ihnen schuldig.

Ich kann jetzt nur noch hoffen, dass Jesus so schnell wie möglich reagiert.

Sonja Marquardt
Dezember 2013

Mein Weihnachtsgeschenk

2013

von meinem Rabbi

Um Haaresbreite hätten wir unser Haus verloren.
Bis zu einem gewissen Zeitpunkt (ein paar Tage vor Weihnachten) mussten wir einen bestimmten Betrag an eine Versicherung zahlen. Begleichen wir den Betrag nicht, wird uns das Darlehen (Hypothek) gekündigt und somit wären wir gezwungen gewesen, das Haus zu verkaufen.

Ich habe in diesem Buch schon mal erwähnt, dass ich Jesus niemals verraten würde, in meiner schlimmsten Situation nicht.
Und das hier war meine schlimmste Situation.

Jesus hat alles gemanagt, so dass wir noch rechtzeitig Geld flüssig machen konnten.
Das war super von Jesus.

Ich habe gewusst, Rabbi lässt mich nicht im Stich.

Danke, danke, Rabbi, für
deine Hilfe!
Was du in den Jahren
alles für mich getan
hast, das kann ich dir
niemals zurückgeben.

Danke, danke!
Deine Sonja

„Der Mensch denkt,
Gott lenkt."

In der Nacht vom 6. auf den 7. April 2014 hat Rabbi etwas Wunderschönes für mich gezaubert.
Ich konnte die ganze Nacht nicht schlafen.
Auf dem Tisch neben meiner Schlafstätte liegt immer eine Taschenlampe für den Fall, dass mit Yayet etwas ist.
Plötzlich geht die Taschenlampe an. Ich schreckte hoch und dachte, das kann nicht sein, die Taschenlampe kann niemals von alleine angehen, zumal sie etwas schwierig einzuschalten ist. Und da wusste ich, das kann nur mein Rabbi sein. Rabbi ist bei mir. Jesus lässt mich nicht im Stich. Ich war so glücklich, dass Jesus endlich mal wieder bei mir war.
Dann bekam ich etwas Wunderschönes zu sehen: Ein strahlend blauer Himmel mit wenig weißen Wölkchen und in der Mitte war mein Rabbi. Immer wieder und immer wieder bekam ich das Bild. Es tanzte vor meinen Augen. Ich war fasziniert von dem Anblick. Es war traumhaft schön. Ich konnte mich nicht sattsehen.
Ich danke dir, Jesus, von ganzem Herzen für dieses herrliche Wunder.

Dieses grandiose Wunder in der Art wünsche ich mir für die ganze Welt.

Ich hatte lange nichts von dir gehört und war deshalb sehr traurig. Du hast mich wieder aufgemuntert, wie so oft schon. Du tust so viel für mich.
Ich komme dich Ostern besuchen.
Darauf freue ich mich sehr, sehr, sehr!!!

Winterolympiade 2014

Wie kann man als Sportlerin und Sportler an einer Olympiade teilnehmen in einem Land, wo vor Olympiaanfang Hunde auf bestialische Weise umgebracht werden, damit die Olympiade stattfinden kann?
Ich vermute und hoffe, dass viele Sportlerinnen und Sportler zu Hause in ihrem Heimatort einen Hund haben, der sehnsüchtig auf ihre Rückkehr wartet. Sind diese Hunde auch umgebracht worden, damit ihr als Sportlerin und Sportler an der Olympiade teilnehmen könnt?

N E I N !

Und das ist gut so.
Aber mit den armen Wesen in einem grausamen Land wie Russland macht man das einfach so.
So ein entsetzliches Land muss man als Sportlerin und Sportler boykottieren.
Ich würde mich schämen, eine Medaille mit nach Hause zu bringen, auf Kosten von armen Tieren.
Ich schaue mir die Olympiade erst gar nicht an. Ich habe nur Verachtung vor dem Land Russland, das so etwas zulässt.

Moskau: „Die Tötung ist der schnellste Weg zur Lösung des Problems.“

Gott Vater und Jesus von Nazareth sagen

N E I N !

zur Tötung der Straßenhunde.
Baut Tierheime, nehmt Hunde und/oder Katzen in eure Familien auf.
Sterilisiert Hunde und Katzen mit Vollnarkose durch einen Tierarzt.

Das ist die Lösung des Problems.

Gott Vater und
Jesus von Nazareth
im
Jahre 2014

Hilfe Hilfe Hilfe Hilfe Hilfe

Ja, wo leben wir denn

in Deutschland?

Ich habe mir die Sendung von Markus Lanz am 17.04.2014 um 23.15 Uhr angeschaut. Unter anderem waren zu Gast Frau Dr. Guddat (Rechtsmedizinerin) und Herr Professor Tsokos (Rechtsmediziner). Sie erzählten aus ihrer täglichen Praxis, wie es unschuldigen Kindern in Deutschland geht.

„Kinderschutz geht alle an."

Deutschland misshandelt seine Kinder.

Jährlich werden

200 000 Kinder

von den eigenen Eltern misshandelt.

160 Kinder

sterben pro Jahr an Misshandlungen in Deutschland.

So die Aussagen der beiden Rechtsmediziner.

Die eigenen Eltern sind oft die gefährlichsten Personen für die Kinder.

Diesen Missstand kann man nicht dulden. Da muss etwas geschehen.

Jesus von Nazareth,

selber Vater von zwei Kindern, bittet sämtliche Eltern nicht nur in Deutschland, sondern auf der ganzen Welt, ihren Kindern liebevolle Eltern zu sein.

Jesus von Nazareth
im April 2014

Heute war ich beim Zahnarzt.
Was ich dort erlebte, war der Horror.
Zu meinem Glück war Jesus von Nazareth dabei. Ich wurde in einen Behandlungsraum geführt, wo sich nur ein Behandlungsstuhl befand und kein Becken mit fließendem Wasser und kein Becher, womit man den Mund ausspülen kann. Das war der erste Schock, denn da wurde mir klar, dass man hier mit einem Speichelsauger behandelt wird.
Ich wusste aus ganz sicherer Quelle, dass ein Speichelsauger samt Saugsystem die größte Infektionsquelle ist. Und seitdem ich das weiß, habe ich eine Aversion gegen dieses Gerät. Nach jedem Patienten müssen die Saugkanülen mit frischen und sterilen Kanülen ausgetauscht werden. Das ist eine hygienische Grundvoraussetzung. Denn der Sauger „schluckt" täglich Milliarden von toten und lebenden Mikroorganismen (Bakterien und Viren), die sich an den Innenwänden der Schläuche absetzen.

Vertrauen ist gut,
Kontrolle ist besser.

Aber hier hat der Patient keine Kontrolle.
Es war eine Zahnärztin, die mich „behandelte".
Wie eine Furie fummelte sie in meinem Mund herum. Es hatte sich sogar Flüssigkeit in meinem Mund angesammelt. Sie war für kurze Zeit mit ihrem Speichelsauger nicht zur Stelle, dadurch musste ich die angesammelte Flüssigkeit runterschlucken. Mit einem Becken mit frischem Wasser und einem Becher wäre das nicht passiert. Dann sagte sie zu mir: „Der Zahn ist locker." Dann tippte sie auf andere Zähne und sagte: „Der ist locker, der ist locker." Nach ihrer Meinung waren bestimmt sechs Zähne locker. Jesus von Nazareth ist selber Arzt. Er war so geschockt. Das kann sich kein Mensch vorstellen. Kein Zahn in meinem Mund war locker. Bei der Anmeldung per Telefon sagte ich, dass ich eine Beratung brauche, was man bei einer Zahnlücke machen lassen kann. Eine Beratung fand überhaupt nicht statt, sondern sie sagte gleich zu mir, dass wir zum Röntgen gehen. Da ist Jesus eingeschritten.

Er packte mich an der Schulter und sagte: „Komm wir gehen."
Wir sind dann auch gegangen.
Jesus von Nazareth wollte, dass ich das Erlebte in seinem Buch wiedergebe. Damit es nie mehr vorkommt, dass

ein Arzt einen Patienten
„belügt".

Unfassbar, was ich heute, am 23. Mai 2014, erfahren habe.
Ich hatte schon mal in meinem Leben gehört: Wenn einem eine schwarze Katze über den Weg läuft, bedeutet das Unglück und Unheil. An so einen Unfug habe ich nie geglaubt. Ich hatte selber schwarze Katzen in meinem Leben und habe sie geliebt wie jede andere Katze auch. Und sie haben mir kein Unheil gebracht, sondern glückliche Tage.
Aber ich wusste nie, woher dieses Vorurteil stammt. Welchem blöden Gehirn so ein Unsinn entsprungen ist.

Heute weiß ich es:

„Den katholischen Kirchengehirnen
ist dieser entsetzliche
Unfug entsprungen."

Katzen galten als Überbringer göttlicher Botschaften und als Glücksbringer.
Bis Papst Gregor der IX. beschrieb, dass Luzifer den Satansanbetern in Form einer schwarzen Katze erschien.
Mit dem Beginn der Inquisition drohte auch den Katzen Unheil. Infolgedessen wurden die Katzen, besonders die pechschwarzen, verfolgt und getötet. Aber durch das Töten der Katzen erfolgte eine Seuchenplage durch Mäuse und Ratten.

Erst im 18. Jahrhundert durch Ludwig XV. wurde die Katzenverbrennung der Kirche außer Kraft gesetzt.

Es ist unfassbar, was die katholische Kirche in den ganzen Jahren an Unglück und Unheil angerichtet hat.
Nicht die Katzen sind die Verbrecher, sondern das Kirchenvolk. Das Kirchenvolk hat Unglück und Unheil über die Menschen und über die Tiere gebracht und nicht die Katzen haben das getan.

Liebe Leserinnen und Leser, bitte glaubt den Unsinn nicht, dass schwarze Katzen Unglück bringen. Eine schwarze Katze oder andere Katzen, egal mit welcher Fellfarbe oder Fellzeichnung, bringen uns Menschen nur Freude. Nehmt Katzen in eure Familien auf, egal mit welcher Fellfarbe.

Jesus von Nazareth
wird es Ihnen danken.

Heute, 2. November 2014,

ist für mich mit der grausamste Tag meines Lebens.

Mein süßer Yayet

ist von mir gegangen.

Ich kann das Unfassbare noch gar nicht begreifen.
Ich kann mich erinnern, fast Ende Oktober, ein wunderschöner Sonnentag. Die Terrassentüre stand auf und ein bunter Schmetterling flog zu mir ins Wohnzimmer. Immer wieder flog er in mein Wohnzimmer. Ich hatte mich so gefreut. Er blieb auch manchmal ein paar Minuten auf der Terrasse sitzen. Auch am nächsten Tag flog der bunte Schmetterling zu mir ins Wohnzimmer, immer wieder und immer wieder.
Einen Moment dachte ich schon: Ein bunter Schmetterling ist der Vorbote des Todes. Aber ich wollte es einfach nicht wahrhaben. Das war ein Wunder von Jesus.
Jesus wusste da schon, dass Yayet sterben wird. Ein paar Tage vor Yayets Tod hat Jesus noch ein Wunder vollbracht. Yayet konnte da schon schlecht laufen. Aber an dem Tag lief Yayet wie früher in seiner besten Zeit. Das war so schön für mich, das nochmal zu sehen.
Jesus wollte, dass ich Yayet noch einmal so sehe wie früher in seiner besten Zeit.

Danke, Rabbi, für alles!
Deine Sonja

November 2014

Ich habe Yayet noch in der gleichen Nacht oben im Himmel besucht.

Yayet befindet sich mit zwei anderen Tieren von mir und Eselchen Shakira bei Jesus in seinem riesengroßen Zimmer aus Wolken.

Ich lebe in zwei Welten, einmal oben im Himmel bei Jesus und einmal hier unten auf der Erde. Jede Nacht bin ich kurz oben. Liebe Menschen warten jede Nacht auf mich und vier Tiere Ricky, Oscar, Eselchen Shakira und jetzt auch Yayet.

Ich beschreibe euch mal, wie es oben bei meinem Rabbi aussieht. Links von Jesus ist mein kleiner Dämon Tobi. Dann kommen Jesus und die drei Tiere Ricky, Oscar und Yayet. Rechts von den Tieren sind die Eltern von Rabbi, Maria und Josef, und das Eselmädchen Shakira. Daneben links ist Maria Magdalena und etwas weiter hinten befinden sich Johannes der Täufer und etwas links von Johannes sind die Jünger Jesu. Ganz oben ist Gott Vater.
Ich freue mich jede Nacht auf die schöne Zeit oben im Himmel. Dort ist es sehr schön.

Jesus hat ein riesengroßes Zimmer aus Wolken. Und die große Öffnung, wo man auf die Erde runterschauen kann, habe ich euch ja schon beschrieben.

Langeweile hat man oben nie. Wenn man Lust hat, kann man sich die ganze Welt anschauen. Aber dazu habe ich leider noch keine Zeit. Denn nachts müssen wir Erdenmenschen ja schlafen, um am nächsten Tag wieder fit zu sein.
Ich spare mir das Weltanschauen für die Zeit auf, wenn ich für immer oben bin.

Ich freue mich riesig auf mein Zuhause oben bei Jesus und seinen Liebsten im Himmel.

Sonja

Am 9. Januar 2015 lief im Fernsehen auf dem Kanal 3 SAT um 20.15 Uhr ein Film:

„Armes Schwein"

Die Deutschen essen pro Jahr und pro Person 39 kg Schweinefleisch.
Dafür starben im Jahr 2013

60 Millionen Schweine.

Der Film untersuchte, ob sich diese „Vorliebe" mit den Protesten gegen die Massentierhaltung vereinbaren lässt.

Wenn die Menschen so eine Sendung sehen, sind sie empört. Aber am nächsten Tag wird wieder fleißig Schweinefleisch in sämtlichen Variationen gegessen.

Jesus von Nazareth sagt
zum letzten Mal:
„Hört auf mit der Tieresserei."

Gott Vater

Ich bin Gott, dein Herr, und in meinem Namen tötet kein Mensch einen anderen Menschen und auch kein Tier.

Gott Vater

im

Januar 2015

Gott Vater und Jesus von Nazareth verurteilen die Morde an den französischen Karikaturisten.

Gott Vater und Jesus von Nazareth verurteilen aber auch die Karikaturen. Jesus von Nazareth möchte nicht, dass man ihn mit Piercing usw. karikiert.

„Auch Pressefreiheit muss ihre
Grenzen haben."

Aber die Karikaturen rechtfertigen die Morde nicht!

19. Januar 2015

Millionen feiern den Papst

Manila im Ausnahmezustand. Der 78-jährige Pontifex mobilisiert die Massen, wie kein anderer zuvor. Der Papst prangerte an, dass zu wenig Frauen und Mädchen zu ihm vorgelassen wurden. „Wir sind oft zu ‚macho' und lassen den Frauen keinen Raum. Aber sie sehen die Dinge mit anderem Blick und können Fragen stellen, die wir Männer noch nicht einmal verstehen."
Also, wenn der Papst kommt: Bitte mehr Frauen und Mädchen. Das hat mir sehr gut am Papst Franziskus gefallen. Endlich mal ein Papst, der auch weibliche Wesen akzeptiert.

Papst Franziskus:

Ein 12-jähriges Mädchen fragte den Papst, warum Gott es zulässt, dass die Menschen dort gar so arm sind, so dass Kinder auf der Straße ihren Körper verkaufen müssen. Darauf antwortete der Papst: „Darauf gibt es keine Antwort."

Oh doch, Franziskus. Jesus hat eine Antwort auf die Frage des Kindes.

Jesus von Nazareth sagt: „Wenn die Kirchensteuern von katholischen wie auch von evangelischen Mitbürgern auf der ganzen Welt dazu benützt würden, armen Kindern und armen Straßenhunden zu helfen, dann bräuchte kein Kind auf der Straße seinen Körper zu verkaufen und kein Straßenhund auf der Straße zu vegetieren.
Auch Paläste bauen ist nicht im Sinne meines Vaters und auch nicht in meinem Sinne."

Jesus von Nazareth
im Januar 2015

Friedberger Allgemeine vom 14.02.2015, Nr. 37, Leserbrief zum Leitartikel „Ein volksnaher Papst, der gerne mal drauflos plaudert" von Walter Roller vom 11. Februar.

„Herr Roller gibt sich franziskusfreundlich und spart beflissen mit Kritik an den tollpatschigen verbalen Entgleisungen des Papstes. Die Vorzüge von Papst Franziskus werden hier in einer Weise dargestellt, die seinen ‚intellektuellen' Vorgänger Benedikt nur noch als schwachen Übergangspontifex erscheinen lassen. Hat alle Welt auf einen Papst gewartet, der ständig seine Mitarbeiter öffentlich kritisiert und alles umstürzen will, was Jahrhunderte schiefgelaufen ist?
Und was ist zu halten von einem, der sich lieber um die Habenichtse kümmert als um die ‚reine Lehre' und die christliche Verkündigung?
Petrus, der erste Papst, und die anderen Apostel sind doch nicht in die Welt hinausgezogen, um gegen Armut anzukämpfen und Barmherzigkeit zu praktizieren, sondern um das Evangelium zu verkünden.

Mit einer Neuevangelisierung hätte die Kirche heute genug zu tun.
Auch das christliche Abendland ist zum Missionsland geworden.
Eine ‚den Armen zugewandte Kirche' zu predigen, ist nicht die vorrangige Aufgabe des Papstes.

Der Briefschreiber."

Antwort von Jesus von Nazareth
am 14. Februar 2015

Religion

Um einer Religion vorzustehen und diese auszuüben, braucht man weder einen Hochschulabschluss noch einen Doktortitel,

sondern

eine Warmherzigkeit allen
Lebewesen gegenüber, Menschen
sowie Tieren, und einen
gesunden Menschenverstand.

Nun zu den Argumenten gegenüber Papst Franziskus.

1.) Jesus von Nazareth hofft, dass Papst Franziskus die Lehre Jesu
– Inhalt: Veganismus, die Bergpredigt und die zehn Gebote sowie die Neufassung des Gebets „Vater unser“ – übernimmt.

2.) Man tituliert arme Menschen nicht als Habenichtse.

3.) Es ist die Aufgabe eines Papstes, eine „den Armen zugewandte Kirche“ zu predigen.

Jesus von Nazareth

am

14. Februar 2015

Friedberger Allgemeine vom 19. Februar 2015, Nr. 41

„Die Kirche und das liebe Geld

In der Kölner Domschatzkammer wird der Reichtum der katholischen Kirche sehr greifbar. 18 Kilogramm wiegt ein mit Gold überzogener erzbischöflicher Chormantel, der 1742 am Hofe des französischen Königs gewebt wurde.
Angesichts dieser schimmernden Pracht scheint die Kirche weit entfernt von den Fischerhütten am See Genezareth, in denen das Christentum einst seinen Anfang nahm.
Das Erzbistum Köln ist das größte und reichste in Deutschland. Lange hielt man diesen Reichtum lieber im Verborgenen, doch jetzt legte Finanzdirektor Hermann Josef Schon erstmals einen detaillierten Jahresabschluss vor.
Das Erzbistum verfügt demnach über ein Vermögen von 3,35 Milliarden Euro. Allein die Finanzanlagen, im Wesentlichen Wertpapier- und Immobilienfonds, beliefen sich auf 2,4 Milliarden Euro. Nicht erfasst sind unverkäufliche Kunstschätze wie der Dreikönigsschrein im Kölner Dom. Und auch der Dom selbst taucht nur mit einem symbolischen Wert von 25 Euro auf, weil er keine Erträge abwirft, sondern im Gegenteil jedes Jahr Millionen an Unterhalt kostet.

Seit dem Skandal um den Limburger ‚Protz-Bischof' Tebartz van Elst im Herbst 2013 offenbarten viele Bistümer in Deutschland ihre Vermögen. Das Bistum Augsburg zählte dabei mit zu den Ersten:
Der Bischöfliche Finanzdirektor Klaus Donaubauer bezifferte damals das ‚Reinvermögen' der Diözese unter dem Strich auf 157,3 Millionen Euro – dazu kommt noch ein ungenanntes Vermögen des sogenannten Bischöflichen Stuhls, der über Immobilienbesitz verfügt – darunter das Bischofshaus. Wegen unterschiedlicher Bilanzierung sind die Augsburger Zahlen aber nicht mit den Kölnern vergleichbar. So weist etwa das Bistum

Augsburg in seiner Bilanz für 2013 auch nach betriebswirtschaftlichen Maßstäben ein Anlagevermögen von 387 Millionen Euro aus – das wäre ein Neuntel der Kölner Summe.
Seit dem Fall Tebartz van Elst ist der Wunsch zur Transparenz in vielen katholischen Diözesen spürbar – doch ein einheitlicher Maßstab fehlt bisher.
‚Das dauert Jahre', meint Matthias Drobinski, Autor des Buches ‚Kirche, Macht und Geld', ‚und dann wird man noch sehen, wie weit es geht. Vieles wird auch strittig bleiben.' Der goldene Chormantel zum Beispiel kommt in der Bilanz nicht vor: Schließlich soll er niemals verkauft werden. ‚Wir sind keine Kunsthändler', sagt Schon. In der Bilanz wimmelt es von Begriffen wie ‚Aktiva', ‚Passiva', ‚Finanzanlagen' und ‚Bistumskapital'. Die Kirche als Wirtschaftskonzern? ‚Viele Leute finden, dass die Kirche fast gar nichts besitzen soll, so wie der heilige Franziskus', ist die Erfahrung des Psychiaters und Bestsellerautors Manfred Lütz, selbst praktizierender Katholik im Erzbistum Köln.

Die katholischen Bistümer gewähren zunehmend einen detaillierten Einblick in ihre Finanzen. Dabei zeigt sich in der Aufstellung von 2013: Die Finanzanlagen sind deutlich größer als der Immobilienbesitz.

Köln: Das größte deutsche Bistum besitzt Finanzanlagen in Höhe von rd. 2,4 Milliarden Euro. Sachanlagen, vor allem Immobilien, sind in der Bilanz mit rd. 646 Millionen Euro ausgewiesen.

Mainz: Mit 732 Millionen Euro sind die Finanzanlagen deutlich höher als die Sachanlagen mit 30 Millionen Euro.

Limburg: Die Bilanz weist Finanzanlagen von 730 Millionen Euro und Sachanlagen von 80 Millionen Euro aus. Von den Finanzanlagen sind rund 703 Millionen Euro in Wertpapieren investiert.

Trier: Das Bistum hat Finanzanlagen von 543 Millionen Euro, davon 527 Millionen Euro in Wertpapieren. Sachanlagen betragen rd. 185 Millionen Euro, davon rd. 179 Millionen Euro in Immobilien (Angaben von 2012).

Augsburg: Die Finanzanlagen betragen 283 Millionen Euro, die Sachanlagen 104 Millionen Euro.

Berlin: Für Pensionsrückstellungen hat das Erzbistum rd. 225 Millionen Euro in Wertpapieren investiert. Daneben bestehen weitere Finanzanlagen von 23,5 Millionen Euro. Die Sachanlagen betragen 135 Millionen Euro, davon entfallen rd. 121 Millionen Euro auf Immobilien."

Das Imperium „Kirche" bezahlen und aufrechterhalten und gleichzeitig den armen Menschen, Kindern und armen Tieren helfen, wie soll das gehen?

Die Kirche verschlingt Unsummen an Geld für sich selbst. Da bleibt wenig Geld übrig für arme Menschen, arme Kinder und schon gar nicht für arme Tiere, obwohl der Staat der Kirche noch zusätzlich zu ihrem Reichtum viel Geld bezahlt.

„Staat und Kirche trennen, ein absolutes

Muss."

Friedberger Allgemeine vom Samstag, den 07.03.2015,
Nr. 55, Rubrik „Recht und Religion“

„Kindeswohl“

Der Fall ist hochaktuell. Es geht um Staat und Kirche, um Gesetz und Moral. Und um die Frage, was im Namen der Religion erlaubt sein darf und was nicht.
Ein Beispiel: Ein fast volljähriger Junge leidet an Leukämie. Die Ärzte sind sich sicher: Mit einer Bluttransfusion könnten sie sein Leben retten, ohne diese aber drohen ihm der Tod oder zumindest schwere körperliche Schäden. Die Eltern aber und der Junge selbst sind gegen die Behandlung.
Als „Zeugen Jehovas“ lehnen sie gemäß ihren Glaubensregeln Bluttransfusionen strikt ab. Die Klinik beantragt eine Zwangsbehandlung, und nun muss das Gericht entscheiden.

Jesus von Nazareth sagt:

Es ist ein absoluter Schwachsinn zu glauben, dass Gott Vater und ich, Jesus von Nazareth, gegen Bluttransfusionen sind.

Gott Vater

und

Jesus von Nazareth

März 2015

Sendung Markus Lanz am 19.03.2015 um 23.15 Uhr.

Anwesend war unter anderem der Journalist Andreas Englisch vom Vatikan. Man nennt ihn auch

„das Maschinengewehr Gottes“.

Man nennt ihn so, weil er so viel redet und so wahnsinnig schnell spricht. Ein junger Mann und Vertrauter des Papstes Franziskus.

Andreas Englisch meinte: „Mit Papst Franziskus ist es, als wenn Jesus in den Vatikan eingezogen wäre.“

Ja, Andreas damit hast du teilweise recht. Aber um Jesus zu gefallen, muss Papst Franziskus noch einiges dazu tun. Wenn du dieses Buch von Jesus von Nazareth gelesen hast, weisst du, was noch alles dazugehört, um Jesus zu behalten.

Dann meinte Andreas Englisch noch: „Der Papst hat es schwer. Sein Umfeld meint: Die Regeln müssen bleiben, wie sie sind.“

Das bestimmt Jesus von Nazareth, wie die Regeln in den Kirchen und bei den Menschen sind. Wer die Regeln von Jesus von Nazareth nicht akzeptiert, der hat ihn, Jesus von Nazareth, verloren.

Friedberger Allgemeine vom 20. Mai 2015, Nr. 114

Kriminalität in Deutschland:

Wahnsinn

jede Woche wurden zwei Kinder getötet.

„In Deutschland sind im vergangenen Jahr 2014 108 Kinder getötet worden, fast 30 % weniger als 2013. Davon seien fast drei Viertel jünger als 6 Jahre gewesen, teilten das Bundeskriminalamt und die Deutsche Kinderhilfe mit. Die Tötungen waren meist Folge von Fahrlässigkeit (45 Fälle). Es gab 26 Morde. Dazu kamen 81 Tötungsversuche. Laut der Statistik gab es 14.395 Fälle sexueller Gewalt sowie 4.233 Fälle körperlicher Misshandlungen von Kindern."

Unfassbar, und sowas hier in Deutschland.

Heute Abend habe ich bitterlich geweint. Ich habe zu Rabbi gesagt, man müsste das Leben zurückdrehen können. Der Mensch kann es aber nicht. Es hatte mit Yayet zu tun. Die Zeit war mir einfach zu kurz, die ich mit meinem geliebten Yayet verbringen durfte. Daraufhin bekam ich von Jesus eine wunderschöne Vision. Ich sah zwei Hunde um die Ecke rennen. Vorweg ein großer Golden Retriever und hinterher sauste Yayet. Das war Yayet in seiner guten Zeit mit vier gesunden Beinchen.
Mit dieser Vision hat mir Jesus eine riesengroße Freude gemacht. Jetzt sehe ich Yayet immer so herrlich jung und gesund. Ich schreibe das, damit die Menschheit sieht, dass Jesus die Zeit zurückdrehen kann.
Wir können es leider nicht.

Danke, danke Rabbi!

Du hast mich so glücklich gemacht.

Jesus weiß, dass Yayet meine große Liebe war.

<u>Nicht</u> Jesus von Nazareth
hat die Kirche so, wie sie
heute ist, gegründet, sondern

Kaiser Konstantin I (285–337 n. Chr.) begünstigte die christliche Kirche, gab ihr Religionsfreiheit und machte diese Lehre schließlich im Jahre 324 de facto zur Staatsreligion. Die Kirche verehrt ihn wie einen Heiligen. Konstantin stand aber bezüglich Machtbesessenheit, Herrschsucht und Grausamkeit seinen Vorgängern in nichts nach. Urchristen, die ihren pazifistischen Idealen treu bleiben wollten, wurden nun unter Androhung der Folter gezwungen, für den Kaiser in den Krieg zu ziehen. Es heißt: Wer kein Fleisch essen wollte, dem ließ Kaiser Konstantin flüssiges Blei in den Hals schütten.
Bereits auf der Synode von Ancyra (314 n. Chr.) erging ein Berufsverbot für vegetarisch lebende Priester und Diakone.
Sie galten fortan als „Irrlehrer".
Die Lehre von Jesus von Nazareth wurde hiermit nahezu ausgelöscht. Christen wurden gezwungen, Kriegsdienst zu leisten, Tiere zu essen, Alkohol zu trinken.

Das alles hat mit der Religion von Gott Vater und seinem Sohn Jesus von Nazareth nichts zu tun.

Die Schuld der Kirche am Tierleid

Von der ursprünglichen Lehre des Jesus von Nazareth, die in den ersten Jahrhunderten bei den Urchristen noch bekannt war und gelebt wurde, hat sich die Kirche nicht nur meilenweit entfernt – die institutionalisierten Kirchen liefern bis heute die Rechtfertigung für Ausbeutung, Quälerei und massenhafte Abschlachtung der Tiere!

Im katholischen Katechismus wird bis heute erklärt, man dürfe Tiere „nicht die Liebe zuwenden, die einzig Menschen gebührt“ (Nr. 2418).

Und: „Gott hat die Tiere unter die Herrschaft des Menschen gestellt, den er nach seinem Bilde geschaffen hat. Somit darf man sich der Tiere zur Ernährung und zur Herstellung von Kleidern bedienen.
Medizinische und wissenschaftliche Tierversuche sind sittlich zulässig“
(Katechismus der katholischen Kirche Nr. 2417).

Auf einer Rede vor Biologen 1985 sagte Papst Johannes Paul II: „Es ist gewiss, dass Tiere zum Nutzen des Menschen geschaffen wurden, d. h. dass sie auch für Experimente benutzt werden können.“

Liebe Leserinnen und Leser,

glaubt nicht den Unfug, der im katholischen Katechismus steht. Es ist blanker Horror, was da niedergeschrieben wurde.

Das alles hat mit der Religion von Gott Vater und Jesus von Nazareth nichts zu tun.

Keine Ausbeutung, Quälerei und massenhafte Abschlachtung der Tiere ist bei Gott Vater und seinem Sohn Jesus von Nazareth gerechtfertigt.

Jesus von Nazareth ist

„Gott der Gerechtigkeit“.

Ein Auszug aus einem Buch eines hervorragenden Arztes und Ernährungswissenschaftlers, namens Dr. Norman W. Walker, der ohne Fleischkonsum 116 Jahre alt geworden ist. Buchtitel: „Täglich frische Salate erhalten Ihre Gesundheit"

„Eiweiß: Die Mehrzahl der Menschen bestehen darauf, dass der menschliche Körper Fleisch als unerlässlichen Bestandteil der Ernährung benötigt.
Zunächst einmal ist Fleisch vergiftet, wenn das Tier geschlachtet wird. Aufgrund der schrecklichen Angst vor dem Schlachten schütten die Nebennieren Gifte in das Blut des Tieres aus, zweitens ist dieses Fleisch ein totes Produkt, das sofort nach dem Tod des Tieres beginnt zu verderben. Außerdem werden das Fleisch und die Aminosäuren durch Hitze beim Kochen oder Braten noch weiter zerstört.
Eiweiß besteht aus Aminosäuren. Aminosäuren sind Atomketten, die nicht nur als Bausteine zum Aufbau von Eiweiß dienen, sondern außerdem aktive Aufgaben haben."

Werbung:

„Fleisch ist ein Stück Lebenskraft."

Wer so einen Unsinn glaubt, dem ist wirklich nicht mehr zu helfen.

Totes Fleisch ist ein totes Produkt, das sofort nach dem Tod des Tieres beginnt zu verderben, ja zu verwesen. Der Zersetzungsprozess startet umgehend nach dem Tod. Fünf Minuten nach dem Tod beginnt der Verwesungsprozess.

Leben wird durch Leben erzeugt und das gilt auch für die Moleküle in unserer Nahrung. Wenn die Moleküle in den Aminosäuren lebende, organische Moleküle sind, erfüllen sie ihre Aufgabe. Wenn sie durch das Schlachten eines Tieres oder das Kochen der Nahrung zerstört werden, gehen die vitalen Eigenschaften verloren, mit denen die Moleküle die Tätigkeit der Aminosäuren unterstützen.

Alle Gemüse und Früchte enthalten die notwendigen lebenden Moleküle, aus denen im Organismus Aminosäuren gebildet werden.
Tiere bilden aus den Aminosäuren, die sie aus Pflanzen gewinnen, viel größere, kräftigere und gesündere Körper als der Mensch durch Fleischverzehr.

Dieser wunderbare Arzt weiß aus eigener Erfahrung, dass Fleischeiweiß für den menschlichen Körper unnötig, ja sogar schädlich ist.
Ihr erreicht eine bessere Lebensqualität, wenn ihr es euch zur Gewohnheit macht, Fleisch völlig vom Speiseplan zu streichen, und wenn ihr euch das notwendige Eiweiß durch eine Vielfalt von frischem Obst, Salat und Gemüse sowie durch frische Säfte zuführt, die alle Wirkstoffe enthalten, die der Körper nutzen kann, um sein eigenes Eiweiß aufzubauen.
In ästhetischer und moralischer Hinsicht ist das Töten von Tieren, Vögeln und Fischen, das Kochen und Verzehren des Fleisches nicht das, was die Natur dem menschlichen Körper als Nahrung zugedacht hat.

Das Leben wurde diesen Tieren vom selben Schöpfer geschenkt, der uns Leben gab.

Wir haben kein Recht, irgendein Tier seines Lebens zu berauben.

Übrigens ist dieser wunderbare Arzt, der auch mein Lieblingsernährungswissenschaftler ist, oben bei meinem Rabbi.

Ich freue mich heute schon darauf, diesen Arzt oben bei meinem Rabbi kennenzulernen.

Sonja Marquardt

Friedberger Allgemeine vom 22. Juni 2015, Nr. 140

Grausam, grausam, grausam

„Chinesin rettet 100 Hunde.

Die Tiere sollten gegessen werden.

Eine Chinesin hat 100 Hunde vor dem Kochtopf gerettet. Die Tierschützerin Yang Xiaoyun kaufte die Vierbeiner am Samstag für rund 7000 Yuan (1.000 Euro) frei, damit sie nicht beim jährlichen Hundefestival im südlichen Yuan verzehrt werden. Fotos zeigten die 65-Jährige, wie sie auf einem Markt in Yulin die in Käfigen gefangenen Hunde kauft. Berichten zufolge will Yang die Tiere bei sich zu Hause in Tianjin unterbringen. " Tierschützer kritisieren immer wieder das Hundefleisch-Festival von Yulin, das zu Sommersonnenwende stattfindet, als besonders grausam."

Lieber Jesus, die ganze Welt weiß, dass du lebst und alles, aber auch alles kannst. Bitte, bitte, rette du die nächsten Hunde. Es darf niemals mehr so ein Fest stattfinden.

N i e m a l s ! ! !

Heute, am 29. Juni 2015, hat Jesus von Nazareth mir den Tod und die Auferstehung gezeigt.

Ich war mal wieder unvernünftig. Ich bin in der Hitze ohne Wasser zu einem über 10 km entfernten Geschäft mit dem Fahrrad gefahren. Fahrradfahren strengt mich normalerweise überhaupt nicht an. Und die Hinfahrt war auch noch gut. Aber auf der Rückfahrt bekam ich schon leichte Schwierigkeiten. Ich wollte zu dem Lebensmittelgeschäft fahren und mir Wasser holen. Ich steige vom Fahrrad und stelle es ab und dann weiß ich nichts mehr. Nach einiger Zeit merke ich, wie ich mich von meinem Körper löse und in der Luft schwebe. Ich sah meinen Körper da liegen und eine Frau mit einem Kinderwagen kam vorbei und ich hörte, wie sie sagte: „Kann ich Ihnen helfen?" Sprechen konnte ich nicht. Aber hören und verstehen konnte meine schwebende Seele alles. Dann war es, als wenn mich Lichtwesen wieder in meinen Körper trugen. Man stellte mich sanft wieder auf die Beine.
Ich war wieder voll da, nahm meine Tasche und ging mir Wasser holen, so als wenn nichts geschehen wäre.

Jetzt weiß ich, wie das ist, wenn man stirbt. Die Seele wird nach wenigen Minuten abgeholt. Sie wird hinaufgetragen. Die Seele nimmt Abschied von dem Körper, der da unten liegt. Die Seele hört alles, sieht alles, versteht alles.

Dass meine Seele wieder in meinen Erdenkörper hinein durfte, habe ich meinem Rabbi zu verdanken.
Normal wäre der 29. Juni 2015 kurz vor meinem Geburtstag mein Todestag gewesen. Aber Jesus hat mir wieder einmal das Leben gerettet.

Ihr seht, liebe Leserinnen und Leser, das eigentliche Sterben ist etwas Schönes.

In dieser Situation hat Jesus meine Seele wieder in meinen Erdenkörper hineingetan. Wenn er das nicht tut, wird die Seele

abgeholt und sie schwebt in Begleitung von Lichtwesen nach oben zu meinem Rabbi. Dort kommt die Seele vor das „Jüngste Gericht". Jesus von Nazareth entscheidet, wo die Seele hinkommt.
Dann heißt es „oben" oder „unten".
Und jetzt wisst ihr, dass die Seele nach dem Tod alles hört, alles sieht, alles versteht und Gutes oder Grausames empfinden kann.

Hier auf Erden entscheidet ihr, liebe Leserinnen und Leser, wo eure Seele nach eurem Tod hinkommt. Dahin, wo es schön ist, oder dahin, wo es für die Ewigkeit grausam ist.

Danke Rabbi, dass ich noch ein bisschen hier auf Erden leben darf. Das war das schönste Geburtstagsgeschenk von meinem Rabbi.

Leonardo da Vinci (1453–1519)

Ein wunderbarer Mensch der damaligen Zeit.
Der grandiose Maler, Architekt, Ingenieur, Bildhauer und Anatom hatte schon in jungen Jahren dem Essen von Fleisch abgeschworen.
Ein überliefertes Zitat von Leonardo da Vinci:

„Wahrlich ist der Mensch der König aller Tiere, denn seine Grausamkeit übertrifft die ihrige. Wir leben vom Tode anderer. Wir sind wandelnde Grabstätten."

Augsburger Allgemeine vom 17. Juli 2015, Nr. 162

Ich habe vor Kurzem zu meinem Umfeld gesagt, ich kann mir nicht vorstellen, dass es noch eine Grausamkeit gibt, die ich in dieses Buch von Jesus von Nazareth reinschreiben muss. Ich habe es nicht für möglich gehalten, aber hier ist diese Grausamkeit.

„Endstation Schlachthof!
Qualvoller Tod ungeborener Kälbchen!

180.000 trächtige Kühe werden jährlich geschlachtet. Die Kälber leiden bis zu 20 Minuten den Erstickungstod in der Gebärmutter. Dann werden sie aus dem Mutterleib herausgeschnitten und entsorgt.“

Wozu sind Menschen fähig?

Ich habe nur noch einen Wunsch, dass den Kuhmilchtrinkern die Milch in ihren Hälsen steckenbleibt.
Das gilt auch für andere Kuhmilcherzeugnisse.

Heute habe ich Fernsehen geschaut. Und in einer Reportage über Religion wurde gezeigt, dass eine blonde Frau aus einem der Länder wie Bosnien, Serbien oder Kroatien vor laufender Kamera sagte, dass ihr jetzt schon täglich die heilige Mutter Gottes erscheint.
Ich konnte es kaum fassen, was sie da sagte. Noch in derselben Nacht ging ich wütend nach oben.
Ich sagte zu Rabbi und unseren Liebsten: „Macht ihr neben mir noch was?"
Sie fragten: „Was meinst du damit?"
Ich erzählte ihnen, dass eine blonde Frau aus einem der oben genannten Länder vor laufender Kamera sagte, jetzt erscheint ihr Maria schon täglich. Daraufhin sagte Jesus von Nazareth zu mir, wortwörtlich:

„Sie lügt."

Ich hoffe, dass die Lügerei auf der Welt bald ein Ende hat.
Heute versteh ich Jesus, dass er so sehr gegen „Lügen" ist.
Lügen ist etwas sehr Schlimmes. Lügen können fatale Folgen haben.

Ihr seht, liebe Leserinnen und Leser, Jesus von Nazareth weiß alles, auch wenn jemand lügt.

Das Gadhimai – Festival 2014

Das Gadhimai–Festival im nepalesischen Bariyarpur ist das größte Tieropfer–Festival der Welt.
Alle fünf Jahre kommen Menschen mit ihren Opfertieren nach Bariyarpur, um die Tiere aus religiösen Gründen abschlachten zu lassen.
Die Reise dorthin ist für die Tiere schon eine Qual. Viele Opfertiere sind auf Lastwagen zusammengedrängt, manche ans Motorrad gebunden und in Bariyarpur warten die Schlachter schon mit langen Messern und Macheten auf die armen verängstigten Tiere.
Der Legende nach werden die Tiere der Göttin Gadhi Mai geopfert.
Wenn die Menschen dieser Welt das Buch von Jesus von Nazareth gelesen haben, dann weiß die ganze Menschheit, dass es Gott Vater sowie Gott Jesus von Nazareth gibt und dass nur eine Religion auf dieser Welt existiert, und zwar

„ die Lehre Jesu."

Es gibt einen Gott Vater und seinen Sohn Gott Jesus von Nazareth.
Jesus von Nazareth ist Gott der Gerechtigkeit. Neben diesen „beiden" gibt es keine Götter und es gibt keine andere Religion auf dieser Welt als die friedliche Religion von Gott Vater und Gott Jesus von Nazareth

„die Lehre Jesu,"

die gegen jede Gewalt gegenüber Menschen und gegenüber sämtlichen Tieren ist.

Gott Vater
und
Gott Jesus von Nazareth
im Jahre 2015

Heute Nacht bekam ich eine Vision, die mich erschreckte.

Eine riesengroße Fläche in Schwarz
und in der Mitte alles rot.

Rot wie Blut.

In der Welt von oben ist „schwarz“ immer negativ und „rot“ bedeutet immer Blut.

Um Himmelswillen. Was bedeutet das?

Heute Nacht hatte ich wieder eine schreckliche Vision.
Alles war dunkel.
Und im Dunkeln lag schwarz gekleidet ein Mensch auf dem Boden mit aufgerissenem Mund.
Ich habe diesen Menschen zuerst nicht erkannt. Nach einer Weile merkte ich, dass ich diese Person bin. Und in diesen aufgerissenen Mund ging eine Seele hinein. Es war ein schauderhafter Anblick.
Wessen Seele war es? Was bedeutet das alles? Habe ich vielleicht die Seele von Jesus von Nazareth für eine gewisse Zeit bekommen?
Darauf wäre ich natürlich sehr stolz.

Für meinen geliebten Rabbi würde ich alles ertragen.

Tatsächlich, ich habe richtig vermutet.
Ich habe die Seele von meinem geliebten Rabbi für eine gewisse Zeit bekommen.

Ich bin gespannt, was mich erwartet.
Ein bisschen Angst habe ich schon.
Aber ich habe ja schon mal erwähnt:
Für meinen geliebten Rabbi würde ich alles tun und alles ertragen – und wenn es noch so schlimm wäre.

Sonja

September 2015

Das Kreuz

Jesus von Nazareth ist fünfmal unter der schweren Last des Kreuzes zusammengebrochen.

Ich habe alles erlebt, was mein Rabbi vor ca. 2000 Jahren erleiden musste.

Beim ersten Zusammenbruch fiel ich vom Fahrrad. Ich habe genau gespürt, wie Jesus das gemacht hat. Ich war für einige Sekunden wie gelähmt. Dann fällt man ja natürlich hin.
Vor meinen Augen war alles gold/gelb, auch natürlich nur für Sekunden. So ähnlich stelle ich mir einen Blitzschlag vor, eine unheimliche Energie.
Wenn Jesus ein Wunder vollbringt, ist immer eine große Energie im Spiel.

Ich kenne das ja schon aus den neun Jahren Zusammenleben mit Jesus. Bei allen fünf Zusammenbrüchen war das so. Natürlich war das nur bei mir so. Damals bei Jesus gab es keine Energie. Aber wir mussten das ja jetzt nachspielen. Beim ersten Zusammenbruch hatte ich große Schmerzen. Die Schulter tat mir sehr weh. Es hat mir niemand geholfen.
Beim zweiten Zusammenbruch hatte ich sehr große Schmerzen. Die ganze Schulter und der Oberkörper taten mir weh. Noch viel, viel größere Schmerzen hatte mein Rabbi damals vor ca. 2000 Jahren. Das Kreuz war einfach zu schwer. Es kam ein junger Mann zu mir und half mir beim Aufstehen. Er war sehr nett zu mir. Genau wie vor ca. 2000 Jahren: Da hat auch ein junger Mann Jesus geholfen.
Beim dritten Zusammenbruch hat mir niemand geholfen. Auch damals hat meinem Rabbi beim dritten Zusammenbruch niemand geholfen.
Beim vierten Zusammenbruch hat eine ältere Dame mir aufgeholfen, die sehr freundlich zu mir war. Wie damals bei meinem Rabbi: Auch da hat eine ältere Frau geholfen.
Die Männer durften nicht mehr helfen.
Beim fünften Zusammenbruch hat eine junge Frau mir geholfen. Wie damals bei Jesus. Die Männer durften ja nicht mehr helfen. Anschließend ist mir viel Blut aus den Augen gelaufen, Blut, Blut, Blut. Wie damals bei Jesus. Der zweite und der fünfte Zusammenbruch waren die schlimmsten Zusammenbrüche, die mein Rabbi erleiden musste.

Ich danke allen drei Menschen für ihre Hilfe. Sie konnten ja nicht ahnen, dass Jesus von Nazareth einen Film dreht für dieses Buch.

Nochmals vielen Dank.

Sonja Marquardt

24.09.2015

Die Abnahme vom Kreuz

Wir hatten mit unserer Katze einen Termin beim Tierarzt. Jesus von Nazareth hat sich für eine Tierarztpraxis in der Nähe entschieden. Dadurch konnte er die Szene der Kreuzabnahme wunderbar vorbereiten.

Da wir kein Auto haben, sind wir, mein Familienmitglied und ich, mit dem Fahrrad und Anhänger zur Tierarztpraxis gefahren. Auf dem Heimweg stand plötzlich mein Sohn auf dem Radweg. Er hatte uns gesehen und hat sein Auto am Straßenrand geparkt. Wir hielten an und begrüßten ihn.

Nach einigen Minuten wurde für mich alles dunkler. Ich kenne das ja schon. Wenn es dunkler wird, dann wird es für mich kritisch. Und so war es auch. Ich sackte zusammen. Und mein Sohn hat mich in sein Auto gepackt und er hat gemerkt, dass ich ganz steif war und kurz ohne Besinnung war. Man hat mich ins Bett gebracht. Ich hatte große Schmerzen überall, besonders

der linke Fuß tat wahnsinnig weh. Die Schmerzen kamen dadurch, weil man meinem Rabbi den großen Nagel durch die Füße geschlagen hat.
Jesus von Nazareth hatte damals vor ca. 2000 Jahren furchtbare, ja grausame Schmerzen.
Und hier die unglaubliche wahre Tatsache:

Jesus von Nazareth
hat die Hinrichtung
überlebt.

Auch hier hat Jesus die Szene der Kreuzabnahme nachgespielt. Jesus hat mir nicht die ganzen Schmerzen gegeben. Die Schmerzen, die mein Rabbi erleiden musste, waren viel, viel schlimmer und grausamer. Und die Schmerzen, die ich hatte, habe ich für meinen Rabbi ausgehalten.
Für Jesus von Nazareth würde ich alles tun und alles ertragen.

Sonja Marquardt

im September 2015

Die Erkenntnis, wozu Menschen
fähig sind, war schlimmer
als die grausamsten Schmerzen.

Jesus von Nazareth

Dezember 2015

Eine wahre Begebenheit

Ein junger Russe lebte mit seinen Eltern in Bayern in einem kleinen Dorf. Mit der Zeit wurde es ihm aber zu langweilig. Er ging zurück in sein Heimatland, die Ukraine, um dort zu kämpfen.

Täglich musste er mit ansehen, wie Menschen ermordet wurden. Schwerverwundete hörte er schreien. Jeden Tag sah er selber dem Tod in die Augen.
Nein, das war nicht das, was er suchte.
Er ging nach Sibirien. Fand einen Job und arbeitete fortan als Wächter in einer großen Bank. Er wurde gut bezahlt und hatte eine gemütliche kleine Wohnung.

Zu dem Kamerateam, das ihn begleitete, sagte er:

„Es geht nichts über ein
normales Leben."

Heiligabend 2015

Herzlichen Glückwunsch, lieber Jesus,
zu deinem Ehrentag.
Ich denke schon den ganzen Tag
an dich.
Viel, viel Liebe von mir
und der ganzen Welt
wünscht dir

deine Sonja

Silvester 2016

Frieden auf Erden

für

alle Menschen und für

alle Tiere dieser Welt.

Stoppt die Kriege auf dieser Welt

Es ist nicht eure Welt.

Die Welt gehört MIR,

„Gott Vater“, und meinem
Sohn Jesus von Nazareth.

Es ist ein Befehl:

„Stoppt die Kriege
auf dieser Welt.“

Gott Vater

und

Jesus von Nazareth

Januar 2016

Ostern 2016

Leider wird das Fest zu Ehren von

Jesus von Nazareth

durch die schrecklichen Attentate des „Islamischen Staats“ und durch die Ermordung unzähliger unschuldiger Tiere überschattet.

Trotzdem alles Liebe

von

deiner Sonja

Zur Erinnerung!

Menschenmorde und Tiermorde werden von Gott Vater und seinem Sohn Gott Jesus von Nazareth strengstens verurteilt.

Kein Menschenmörder und kein Tiermörder (ausgenommen sind bei Tieren Einschläferungen bei schweren Krankheiten oder Unfällen, bei denen medizinische Hilfe nicht mehr möglich ist) kommt nach oben ins „Paradies".
Alle Menschenmörder und alle Tiermörder und Tieresser kommen nach unten in die „Hölle". Dort ist es so grausam, dass viele sich wünschten, sie wären lieber tot. Eine Seele ist aber nicht „totzukriegen". Eine Seele kann nicht ertrinken, ersticken, verhungern, verdursten etc. Auch Explosionen, sich in die Luft sprengen nützt nichts, um die Seele auszulöschen. Die Seele lebt weiter. Alle Menschen auf dieser Welt haben die Chance, sich so zu verhalten, dass ihre Seele nach dem Erdentod nach oben zu Gott Vater und Jesus von Nazareth kommt.

Oben im Himmel ist ein Weiterleben „lebenswert". Unten in der Hölle ist es grausam.
Glaubt es. Es ist die Wahrheit und Realität.

Gott Vater

und

Jesus von Nazareth

August 2016

Es gibt einen berühmten Satz, den fast jeder kennt.

„Solange die Menschen Tiere
essen, wird es Kriege
geben."

Der Satz ist wahr!

Gott Vater und sein Sohn Gott Jesus von Nazareth meinen mit dem Fleischverzehr:

Solange die Menschen die Geschöpfe Gottes,

„die Tiere (alle Tiere)",

ermorden und essen, greifen Gott Vater und Jesus von Nazareth in das Geschehen der Menschheit auf dieser Welt nicht ein.

Wenn die Menschen auf der ganzen Welt alle Tiere ohne Ausnahmen nicht mehr ermorden und nicht mehr essen, herrscht Frieden auf der ganzen Welt.

Gott Vater und
Gott Jesus von Nazareth

Wir sagen oben im Himmel bewusst „fressen". Ein Mensch der Tiere verspeist, der isst nicht, der „frisst".

In Amerika hat es eine Studie gegeben:

Über einen gewissen Zeitraum bekamen „Schwerstverbrecher" kein Fleisch mehr zu essen.

Sie waren nach der Studie viel zugänglicher und viel angenehmer im Umgang mit anderen Menschen.
Die Schwerstverbrecher bekamen keine Gewaltausbrüche und keine Mordphantasien mehr. Diese Studie fand unter ärztlicher Leitung statt.

Das Elend der Tiere

Das lebenslange Quälen, Ausbeuten und Ermorden von Tieren ist legal wegen unmoralischer Gesetze, die Verbrechen legalisieren. Das Schicksal der Tiere ist wahrscheinlich das Schlimmste und Fürchterlichste, was von Menschenhand je angerichtet wurde. Der Literatur-Nobelpreisträger John Maxwell „J. M." Coetzee meinte dazu:
„Ich will es deutlich sagen: Rings um uns herrscht ein System der Entwürdigung der Grausamkeit und des Tötens, das sich mit allem messen kann, wozu das ‚Dritte Reich' fähig war, ja es noch in den Schatten stellt, weil unser System kein Ende kennt, sich selbst regeneriert, unaufhörlich, Kaninchen, Geflügel und viele andere Tiere für das Messer des Schlachters auf die Welt bringt."

Der jüdische Literatur-Nobelpreisträger Isaac Bashevis Singer, der Familienmitglieder durch die Judenverfolgung der Nazis verlor, drückt es so aus: „Solange Menschen das Blut von Tieren vergießen, wird es keinen Frieden geben. Es ist nur ein kleiner Schritt vom Töten von Tieren zu den Gaskammern Hitlers und zu den Konzentrationslagern Stalins. Solange Menschen mit Messer oder Pistole dastehen, um jene umzubringen, die schwächer sind als sie, wird es keine Gerechtigkeit geben."

Der Nobelpreisträger Romain Rolland (1866–1944) der nicht einmal die Verbrechen der industriellen Tierhaltung erlebte, schrieb: „Die Grausamkeit gegen die Tiere und auch schon die Teilnahmslosigkeit gegenüber ihren Leiden ist meiner Ansicht nach eine der schwersten Sünden des Menschengeschlechts. Sie ist die Grundlage der menschlichen Verderbtheit. Wenn der Mensch so viel Leiden schafft, welches Recht hat er dann, sich zu beklagen, wenn auch er selber leidet?"

Nun könnt ihr euch entscheiden, liebe Leserinnen und Leser:
Beteiligt ihr euch an den Verbrechen gegenüber Schwächeren durch den Konsum von Tierprodukten unter dem Deckmantel einer verbrecherischen Scheinmoral oder gebt ihr in eurem persönlichen Leben einer echten, unteilbaren Moral eine Chance, die auch die Schwächeren mit einbezieht?

Milchkühe

Die Milchkühe sind in kurzer Zeit durch die ständige Milchproduktion verbraucht und werden geschlachtet, wenn aus den ausgelaugten Tieren nicht mehr genug Milch herauszuholen ist. Statt einer normalen Lebensspanne von etwa 25 bis 30 Jahren werden die ausgelaugten „Milchkühe" schon nach drei bis fünf Jahren entsorgt. Denn Organismus und Euter der Qualzucht „Hochleistungskuh" sind für diese extreme Ausbeutung gar nicht geeignet. So entsteht leicht eine schmerzhafte Euterentzündung, auch Mastitis genannt, die entweder mit Antibiotika behandelt wird oder die Kuh in den Schlachthof bringt. Deshalb können auch die Eiter-, Antibiotika- und andere Medikamentenrückstände in Milch- und Milchprodukten nicht wirklich erstaunen. Jährlich werden die Kühe künstlich befruchtet, vergewaltigt und geschwängert, damit der Milchfluss nicht versiegt. Denn nur nach der Geburt eines Kälbchens gibt eine Kuh Milch. Nach der Geburt werden Mutter und Kind getrennt, was einen extrem traumatischen Trennungsschmerz bei beiden auslöst. Dieser Trennungsschmerz ist aufgrund der angeborenen Instinkte so dramatisch, dass sowohl die Kuh als auch ihr Kälbchen noch tagelang wimmern, muhen und schreien. Aber auch für die Kälbchen ist der Leidensweg noch nicht zu Ende. Die weiblichen Kälbchen kommen in die Milchproduktion, wo sie ihre ausgelaugten Mütter ersetzen. Auch diese Kälbchen sind dann im Teufelskreis von erzwungener Schwangerschaft, körperlicher Auszehrung durch intensiven Milchentzug, Geburt und traumatischem Trennungsschmerz für die Zeit ihres nur kurzen Lebens gefangen. Die männlichen Tiere werden in kleinen dunklen Ställen für die Fleischproduktion gemästet, oftmals in winzigen Einzelboxen, die kaum größer als ihr Körper sind. Da aber weltweit durch die Milchproduktion viel zu viele Kälber „produziert" werden, vernichtet man diese auch einfach in sogenannten „Herodesschlachthöfen" oder man lässt sie einfach verhungern. Wenn Milchkühe unrentabel sind, kommen sie in den Schlachthof. Jährlich sterben Zehntausende ungeborene Kälbchen, weil auch trächtige Kühe geschlachtet werden. Die Bundestierärztekammer nimmt an, dass pro Jahr 180 000 trächtige Kühe geschlachtet werden. In diesem Stadium sind die Kälbchen bereits schmerzempfindlich und leiden extrem, wenn sie im Leib der ermordeten Mutter qualvoll ersticken. Diese Grausamkeiten geschehen nur deshalb, weil die Verbraucher nach Milch- und Milchprodukten verlangen. Milch- und Milchprodukte, deren verheerende Auswirkungen auf die menschliche Gesundheit durch wissenschaftliche Studien belegt werden konnten.

Amsi

Heute, am 12. Juni 2016, hat Amsi (mein Amselbaby) das Licht der Welt erblickt. Vom Hausinneren aus konnte ich das Nest beobachten. Und tatsächlich kam die Amselmutter zum Nest und das Kleine streckte zum ersten Mal das Köpfen hoch und die Amselmami hat es gefüttert. Soviel ich sehen konnte, waren noch andere Babys im Nest. So oft wie möglich habe ich mich auf die Treppe gesetzt und das Wunderbare beobachtet. Das war ein wunderschöner Sonntag.
Am nächsten Morgen wurde ich um 6 Uhr in der Früh wach und ging ins Badezimmer und danach setzte ich mich auf die Treppe und sah durch das Fensterglas nach draußen auf das Nestchen und wartete. Am vorigen Sonntag kam die Amselmutter alle Viertelstunde und fütterte die Kleinen. Aber an diesem Montagmorgen kam sie einfach nicht. Die Kleinen streckten die Köpfen auch nicht mehr hoch. Mein Gott, was war in dieser Nacht Grausames geschehen?
Ich habe bis 11 Uhr auf der Treppe gesessen und gewartet und gewartet. Aber es rührte sich nichts. Daraufhin hat mein Familienmitglied Kurt eine Leiter geholt und hat in das Nest geschaut. Es war aber nur noch ein Kleines drin.
Ganz schwach, rührte sich kaum noch. Das Kleine war total unterkühlt. Für Juni war es viel zu kalt. Wir haben das kleine Schätzchen mit ins Haus genommen. Ich habe es erstmal durch Wärme wiederbelebt. Amsi war nur „Haut und Knochen". Da wir kein Auto haben, haben wir unseren Sohn angerufen und ihn gebeten, zu einer Zoohandlung zu fahren und Nestlingsfutter für meine Amsi zu holen. Ich habe aus dem Futter einen Brei gemacht und habe dem kleinen Kerlchen mit einer Einwegspritze den Brei eingeflößt und das Amselbaby immer wieder gewärmt. Die ersten zwei Tage habe ich Amsi alle Viertelstunde gefüttert und nachts alle zwei Stunden. Nachts habe ich mir den Wecker gestellt, denn ich persönlich habe einen gesunden Schlaf. Ich hätte sonst bestimmt verschlafen. Am

dritten Tag habe ich Amsi tagsüber alle zwei Stunden gefüttert und nachts auch nochmal alle zwei Stunden.
Ab dem vierten Tag hat Amsi (meine Amsi ist übrigens ein Mädchen) durchgeschlafen. Das war natürlich für mich gut, denn ich war schon ganz schön müde. Am fünften Tag hat meine Amsi die Äuglein weit aufgemacht. Da hat sie zum ersten Mal ihre Ersatzmami gesehen. Das war für mich auch ein schönes Erlebnis. Heute ist Amsi vier Wochen alt
und ein stolzes großes Amselmädchen geworden. Sie fühlt sich bei uns sehr wohl und ist selten in ihrem Käfig. Amsi fliegt den ganzen Tag in der Wohnung umher. Da wir eine Katze haben, müssen wir natürlich aufpassen, dass die zwei nicht zusammenkommen. Das ist mitunter anstrengend.
Ich darf an den Tag der Auswilderung gar nicht denken. Ich würde Amsi am liebsten für immer hierbehalten. Ich habe Amsi sehr, sehr lieb. Und Amsi mich auch. Wo ich bin, ist Amsi. Ich habe mir natürlich gleich fast am Anfang ein Buch bestellt über fachgerechte Aufzucht von Amseln. Tipps und Tricks für die Auswilderung.
Mir hat mal ein junger Mann namens Daniel erzählt, dass er einen Vogel aufgezogen hat, und der Vogel kam nach der Auswilderung jeden Abend wieder nach Hause. Flog in seinen Käfig, Daniel machte den Käfig zu und am nächsten Morgen machte Daniel die Käfigtür wieder auf und der Vogel flog wieder in die Freiheit. Und das ging lange, lange Zeit so.
Das wünsche ich mir mit meiner Amsi natürlich auch. Das ist ein ganz, ganz großer Wunsch von mir.
Und in dem Buch, das ich mir gekauft habe, schreibt die Autorin, dass es so einen Fall tatsächlich gibt, dass der Vogel nach der Auswilderung abends wieder in seinen Käfig fliegt.
Ich drücke mir beide Daumen, dass ich das auch erleben darf.

4. August 2016

Bye-bye, meine süße Amsi

Die Auswilderung von Amsi hat drei Tage gedauert. Ich habe drei Tage lang die Terrassentüre offen gelassen. Aber Amsi ist am ersten Tag nicht rausgegangen. Am nächsten Tag habe ich wieder die Terrassentüre offen gelassen und habe Amsis Futternapf auf die Terrasse gestellt. Amsi hat ihren ganzen Mut zusammengenommen und ist auf die Terrasse zu ihren Leckerbissen „Grillen" gehüpft. Die hat sie wahnsinnig gerne verputzt. Davon konnte sie nie genug kriegen. Am dritten Tag, also heute, habe ich wieder das Gleiche gemacht und die Terrassentüre offengelassen und meine süße Amsi ist wieder zu ihrem Festschmaus „Grillen" gehüpft.
Nach einer Weile schaute sie sich um, hob ab und war weg.
Ich hoffe, dass Amsi mich mal besuchen kommt und sich ihre Leckerbissen abholt. Das wäre ein Freudentag für mich. Heute ist Donnerstag und kommenden Sonntag hat Amsi Geburtstag. Sie wird zwei Monate alt.
Das waren zwei wunderschöne Monate mit Amsi, die ich nie vergessen werde und nie missen möchte.

Alles Liebe für dich, Amsi!

Deine Menschen-Mami

Liebe Leserinnen und Leser, Amsi ist jetzt schon eine ganze Weile draußen in ihrer Freiheit.
Die erste Zeit kam sie jeden Tag zu mir in den Garten. Morgens, mittags und abends. Das hat sich jetzt ein bisschen gelegt. Amsi hat nicht mehr so viel Zeit für mich. Sie erkundet die Gegend und ist den ganzen Tag auf Futtersuche.

Aber jeden Abend kommt Amsi mit einem lauten Geschrei zu mir geflogen. Manchmal singt sie mir auch ein Abendständchen. Das ist so wunderschön für mich.
Hoffentlich bleibt es für uns beide noch lange, lange Zeit so schön.

Liebe Amsi, ich liebe dich!
Deine Menschen-Mami

Fatal, fatal, fatal

Heute, am 16. Sept. 2016, lief im Fernsehen auf 3 SAT eine Dokumentation

OP gelungen – Patient tot.

Lebensgefahr durch neue Krankenhauskeime. Es herrscht Pflegenotstand. Darunter leidet die Hygiene.

Es wurde berichtet, dass jährlich in Deutschland 30 000 Menschen an Krankenhauskeimen sterben.

Mir verschlägt es die Sprache. Man kann dazu nur noch sagen:

„No comment."

Jesus hat mich wieder aufgemuntert.

Wir, mein Sohn Kurt und ich, standen spätabends vor der Haustüre und schauten in den Himmel. Plötzlich sahen wir ein viereckiges, ganz buntes Gebilde. Zuerst dachten wir an ein Flugzeug. Aber so tief fliegen die Flugzeuge hier nicht. Und viereckig und bunt sind sie auch nicht. Es war wunderschön zum Anschauen.

An diesem späten Abend hat Jesus in den zehn Jahren Zusammensein mit mir zum ersten Mal am Himmel etwas gezaubert, das nicht nur ich sah (wie bisher), sondern das auch ein anderer Mensch sah.
Damit beweist Jesus wieder, dass er am Himmel etwas zaubern kann, dass nicht nur ein Mensch es sieht, sondern diesmal sehen es zwei Menschen.

Jetzt könnt ihr euch vorstellen, liebe Leserinnen und Leser, dass Jesus auch am Himmel etwas zaubern kann, dass alle Menschen dieser Erde es sehen können.

Danke, Rabbi! Damit hast du
mir wieder eine große Freude
gemacht.

Deine Sonja

Dezember 2016

Eine wahre Begebenheit

Eine Flüchtlingsfamilie mit Kindern aus Afghanistan wurde hier in Deutschland in einer deutschen Familie untergebracht. Die deutsche Familie hatte unter anderem auch einen Hund. Die afghanische Familie war zuerst entsetzt über die Anwesenheit eines Hundes. In Afghanistan gilt ein Hund als „unrein". Aber was sollte die afghanische Familie im Moment machen? Sie waren froh, nach all den Strapazen der Flucht aus ihrem Land eine sichere Unterkunft zu haben. Das Fernsehteam hatte diese Familie eine Zeit lang begleitet und nach einiger Zeit besuchte das Fernsehen diese afghanische Familie wieder. Die afghanischen Eltern mit ihren Kindern hatten sich inzwischen mit dem Hund angefreundet.
Die Kinder waren happy über diesen Hund. Sie streichelten ihn, gingen mit ihm spazieren, gaben ihm zu essen, spielten und tobten mit dem Hund im Garten. Die afghanische Familie sagte: Sie wussten gar nicht, wie schön ein Zusammenleben mit einem Hund ist.

Ihr seht, liebe Leserinnen und Leser, wie voreingenommen die afghanische Familie einem Hund gegenüber war.

Ein Hund ist mit das Schönste auf der ganzen Welt, der treueste Kamerad, den man sich wünschen kann.

Ich hoffe, dass Länder wie Afghanistan, Syrien und noch viele andere Länder bald genauso denken und handeln wie wir westlichen Länder.

So einen Unsinn! Kindern von klein auf beizubringen, dass Hunde „unrein" sind, ist eine Katastrophe.

Gott Vater, Jesus von Nazareth, Maria Magdalena und ich bitten diese Länder, Hunde und/oder Katzen in ihre Familien aufzunehmen.
Hunde und auch Katzen sind nicht „unrein“.
Sie sind Geschöpfe Gottes aus Fleisch und Blut wie wir Menschen.

Heiligabend 2016

Herzlichen Glückwunsch, lieber Jesus,
zu deinem Geburtstag.

Ich denke an dich.

Viel, viel Liebe von mir
und der ganzen Welt
wünscht dir

deine Sonja

Silvester 2017

Alles Liebe und Gute wünschen
wir der ganzen Welt, den
Menschen und allen Tieren,
den Geschöpfen Gottes:

Gott Vater
Jesus von Nazareth
Maria Magdalena
Maria und Josef
Johannes der Täufer
die Jünger Jesu
und
Sonja mit Tobi

Ostern 2017

Alles Liebe der Welt zu deinem Festtag,
lieber Rabbi.

Ich denke den ganzen Tag an dich und komme dich um 15 Uhr an unserem Treffpunkt besuchen.

Deine Sonja

April 2017

Jesus von Nazareth hat vor ca. 2000 Jahren schon gesagt:

„Hütet euch vor den

falschen Propheten.“

Woran erkennt man denn einen echten Propheten? Ein echter Prophet ist immer ein Mensch, der eine direkte Verbindung „nach oben“ hat. Entweder zu Gott Vater, zu Jesus von Nazareth oder zum Geistlehrer Bruder Emanuel.
Ein echter Prophet bekommt Aufgaben, die er im Sinne von „oben“ hier auf Erden zu erledigen hat. Ein echter Prophet ist in der Jetzt-Zeit immer ein Veganer.
Niemals ein Fleischesser.
Daran erkennt man einen echten Propheten.

Prophet Jesaja hat vor Jesus von Nazareth gelebt und war damals Vegetarier. Zur Zeit Jesajas und auch später sagte man zu einem Menschen, der keine Tiere aß: Vegetarier.
Menschen, die sich vor Christus und später bis vor die Jetzt-Zeit Propheten nannten und eine Verbindung nach „oben“ hatten und zudem absolut Vegetarier waren, das waren damals

„echte Propheten“.

Wer sich damals Prophet nannte und ein Fleischesser war, der war ein

„falscher Prophet“.

Ihr seht, liebe Leserinnen und Leser, auf diese Weise kann man einen falschen Propheten entlarven.

2017

Als ich vor ca. elf Jahren erfahren hatte, dass ich es mit Jesus von Nazareth zu tun habe, bekam ich natürlich erstmal einen Schreck. Dass der mächtigste Mann der Welt in mein Leben getreten war, das musste ich erstmal verkraften. Als ich mich davon ein wenig erholt hatte, sagte ich zu Jesus von Nazareth: „Ich fahre in die Stadt und kaufe mir die Bibel." Denn ich wusste ja nichts über Religion. Keine Religion der Welt interessierte mich damals. Jesus sagte wortwörtlich zu mir: „Brauchst du nicht. Ich mache das schon."

Jetzt, vor ein paar Tagen, kam mein Sohn und brachte mir die Bibel.
Erst wollte ich sie gar nicht lesen. Aber dann gab ich nach und versprach ihm, die Bibel zu lesen. Ich war überrascht. Ich hatte mir den Inhalt der Bibel ganz anders vorgestellt. Alles, was in der Bibel stand, kannte ich. Nichts war mir fremd. Den ganzen Inhalt der Bibel lernt man ja in der Schule. Aber als ich an einer Stelle angelangt war, bekam ich eine Wut, genau die gleiche Wut, die ich als Kind schon in der Schule hatte. Dort stand damals wie heute:

„Jesus ist am Kreuz ge-
storben für unsere Sünden."

Damals in der Schule rebellierte meine Seele schon beim Lesen: Jesus ist am Kreuz gestorben für unsere Sünden.
Damals konnte ich es ja nicht widerlegen, dass Jesus am Kreuz gestorben ist. Heute kann ich es mit seiner Hilfe. Damals leider nicht. Aber für unsere Sünden gestorben, das war damals für mich als Kind schon nicht nachvollziehbar. Das war für mich als Kind schon eine Horrorvorstellung, dass ein Mensch für die von anderen begangenen Sünden stirbt. Das hatte ich als Kind schon nicht geglaubt.
Ich empfand es als eine totale Lüge. Daraufhin wollte ich als Kind nicht mehr am Religionsunterricht teilnehmen. Aber ich

hatte ja am Anfang des Buches schon geschrieben, dass man mich vom Religionsunterricht nicht befreit hatte. Ich musste mir die ganze Lüge immer wieder anhören. Zu dem Satz „Jesus ist am Kreuz gestorben für unsere Sünden" sagt Jesus:

„Für die Sünden der
Menschheit ist jeder
Einzelne für sich selbst
verantwortlich."

Und kein Mensch auf der Welt kann schwere Sünden vergeben. Kein Papst, kein Priester, selbst ein echter Prophet kann es nicht.

Jeder Mensch kommt vors

„Jüngste Gericht".

Dort werden kleine Sünden
vergeben.
Schwere Sünden werden
nicht vergeben.

Jesus von Nazareth
2017

Nochmal zum Einprägen fürs ganze Leben.

Schwere Sünden sind:
Menschen ermorden.
Tiere ermorden. Alle Tiere ohne Ausnahme.
Tiere essen ist das Gleiche wie Tiere ermorden.
Tiere ermorden (alle Tiere) ist das Gleiche wie
Menschen ermorden. Menschen und Tiere quälen
wird auch nicht vergeben.

Jesus von Nazareth
2017

Karfreitag 2017

Ein paar Tage vor Karfreitag hatte ich ein Gespräch mit meinem Sohn.
Er bringt mir seit einiger Zeit CDs mit Predigten von evangelischen Priestern.
Ich muss ehrlich sagen, ich bin so mit Jesus von Nazareth verbunden, dass mich die Predigten und auch die Priester überhaupt nicht interessieren. Und das sagte ich ihm. Ich hatte das Gefühl, man will mich von Jesus trennen.
Mir war ganz komisch und ich hörte nur noch, wie ich sagte:

„Das ist mein Rabbi."

Meine Seele war aufgewühlt. Kein Mensch kann mich von meinem Rabbi trennen. Als mein Sohn gegangen war, habe ich nur noch über dieses Gespräch nachgedacht.
Ich bringe Jesus seit vielen Jahren zu Weihnachten und zu Ostern eine Rose. Eine wunderschöne rote Rose.
Aber nach dem Gespräch war ich total irritiert. In ein paar Tagen ist Karfreitag. Vielleicht will Jesus gar nicht, dass ich ihm eine Rose bringe. Vielleicht ist es ihm gar nicht recht, dass ich ihn so sehr liebe. Ich will mich doch nicht aufdrängen. Es gibt so viele Frauen auf der Welt, die ihn lieben. Was soll ich tun? Ihm einfach eine Rose bringen?
Nein, das wollte ich auch nicht.
Am Donnerstag habe ich ein paar Blümchen gekauft. Auch Rosen, aber so klein und in einem Bund, rote, gelbe, weiße Röschen. Es war ein komisches Gefühl. Vom Herzen her wollte ich Rabbi eine rote Rose bringen.
Aber ich war vernünftig und habe die kleinen Röschen akzeptiert.
Am nächsten Tag, Karfreitag, bin ich mit dem Fahrrad zu unserem Treffpunkt gefahren. Als ich dort ankam, war ich entsetzt wie schon so oft. Die Kübel waren entweder ganz leer oder mit total verwelkten Blumen versehen. Es hat furchtbar ausgeschaut.

Ich habe Rabbi begrüßt und habe die kleinen Röschen durch das Gitter geworfen. Sie fielen auseinander, kreuz und quer. Ich war total am Ende. Nichts war wie sonst.
Ich ging zu dem anderen Gebäude. Auch dort war es dasselbe. Welke Blumen oder gar keine. Und meine Röschen fielen durcheinander. Es war so schlimm. Ich kann es keinem Menschen beschreiben.
Es war, als wenn Jesus gar nicht anwesend wäre. Jesus war bis jetzt immer da und freute sich, wenn ich kam. Aber heute nein, heute war es nicht wie sonst.
Ich habe die Stätte fluchtartig verlassen. Als ich zu meinem Fahrrad kam, merkte ich, dass ich das Fahrrad abgeschlossen hatte, aber ich hatte vergessen, den Fahrradschlüssel mitzunehmen. Das auch noch, dachte ich.
Es war ein schrecklicher Tag.
Ich rief meinen Sohn an und er hat mich und das Fahrrad mit seinem Auto abgeholt.

In der Nacht habe ich über alles nachgedacht. Ich konnte nicht schlafen.
Meine Seele fühlte sich furchtbar angegriffen.

Am nächsten Tag habe ich zwei rote Rosen für meinen Rabbi gekauft und bin wieder zu unserem Treffpunkt gefahren. Alles war zwar wie bisher. Aber ich empfand es heute gar nicht mehr so schlimm mit den verwelkten Blumen. Ich spürte, mein Rabbi ist da. Es herrschte eine friedliche Stimmung, wie ich sie die letzten Jahre dort erleben durfte.

Ich begrüßte Rabbi und warf die Rose, die ich liebevoll geküsst hatte, durch das Gittertor. Sie fiel genau auf Jesus zu. Es war wunderschön. So schön wie die Jahre zuvor. Dann verabschiedete ich mich von Rabbi und ging zu dem anderen Gebäude.

Auch dort war es wie gestern. Welke Blumen oder gar keine. Aber die Stimmung war schöner als Karfreitag, friedlicher, unheimlich schön.

Ich begrüßte Rabbi, küsste die Rose und warf sie durch das Gittertor.

Wahnsinn, was ich da erlebt habe.
Die Rose fiel wie von Geisterhand geführt genau auf mich zu. Genau zu mir.

Ich kann es immer noch nicht fassen.

Jesus von Nazareth hat mir
eine Rose geschenkt.

Ich kann dieses unendliche Glück gar nicht begreifen.

Ich werde auch in Zukunft nicht auf andere Menschen hören, die mich in eine andere Richtung führen möchten.

Ich bin Jesus-Anhänger und bleibe es mein Leben lang. Und Jesus von Nazareth bestimmt selbst, wen er hier auf Erden lieb hat. Das lässt er sich von niemandem vorschreiben.
Liebe Leserinnen und Leser.
Bleibt Jesus-Anhänger. Lasst euch nicht in die falsche Richtung führen. Und die Menschen, die noch nicht Jesus-Anhänger sind, mögen es werden.

Eure Sonja

Ostern 2017

Vielen Dank, lieber Jesus, für die Rose.
Ich habe mich wahnsinnig gefreut.
Das war das schönste Ostern meines bisherigen Lebens.

Lieben Dank!
Deine Sonja

Juli 2017

Ich bin Amsel-Omi geworden

Amsi hat drei Mädchen. Eines Tages kam sie ganz aufgeregt auf meine Terrasse.
Ich sagte zu ihr: „Amsi, was ist? Was bist du so aufgeregt?"
Da sah ich drei junge Amseln an der Futterkrippe. Da wusste ich, dass ich Omi geworden bin. Ich habe mich sehr gefreut. Jeder Tag ist wunderschön, wenn die drei Amselmädchen mit ihrer Mami zu mir in den Garten kommen. Pauli, der Vater der jungen Amseln, kommt nicht mehr. Schade, ich habe auch ihn sehr lieb gehabt. Hoffentlich ist ihm nichts passiert.

Danke, liebe Amsi für die drei süßen Amselkinder.
Jetzt habe ich einen

„Drei-Mäderl-Garten".

PS: Pauli, der Amselvater, ist auch wieder da. Meine Freude war natürlich groß. Jetzt sind alle fünf wieder zusammen.

August 2017

Heute habe ich meinen Sohn besucht. Er kochte mir netterweise eine Tasse Kaffee. Aber der Kaffee war sehr stark.
Dann hatten wir im Laufe des Nachmittags eine heftige Diskussion über das Verhalten meines Familienmitglieds Kurt, der unsere Familie ja in eine enorme Finanzkrise gestürzt hat. Ich hatte daraufhin einen richtigen Herzinfarkt. Ich habe es richtig gespürt. Einen Tag vorher hat mir Jesus einen bunten Schmetterling auf die Terrasse geschickt. Ich habe mich über den bunten Schmetterling gefreut. Klar, ich weiß inzwischen, was es heißt, wenn Jesus mir einen bunten Schmetterling schickt, dass dies Tod bedeutet. Aber ich habe es wieder einmal nicht so ernst genommen. Jesus weiß alles im Voraus. Er wusste gestern schon, was heute geschieht.
Aber Jesus hat mir wieder einmal das Leben gerettet. Und ich verspreche, dass ich den kleinen bunten Schmetterling demnächst sehr ernst nehme.

Danke, Rabbi, dass du mir
das Leben gerettet hast, so
kurz vor unserem Ziel.

Deine Sonja

November 2017

Das schönste Weihnachtsgeschenk meines Lebens!

Vor ein paar Tagen hatte ich ein Gespräch mit meinem Sohn Kurt. Das Gespräch drehte sich um das Leben nach dem Tod. Ich sagte zu meinem Sohn: „Elf Jahre bin ich jetzt mit Jesus von Nazareth zusammen, aber ich habe noch nicht einmal den Mut gehabt, Jesus zu fragen, wo mein Sohn Frank nach seinem tödlichen Verkehrsunfall vor vielen Jahren hingekommen ist." Frank war Fleischesser und hatte zudem noch in eine Familie hineingeheiratet, wo man professionell Tiere ermordet. Sie können sich ja vorstellen, welche „Menschen" ich damit meine. Ich habe all die Jahre nicht gewagt, Rabbi zu fragen. Das nennt man „Angst vor der Wahrheit". Denn ich weiß ja, dass oben bei Jesus im Himmel Gesetze bestehen, die einfach nicht zulassen, dass Fleischesser und Tiermörder, natürlich auch keine Menschenmörder, nach oben kommen. Und Jesus würde mich nie belügen, nie!

Jesus hat unser Gespräch mitangehört. Jetzt wusste er, warum ich ihn nie gefragt habe.

Eines Nachts lag ich in meinem Bett und befand mich im Tiefschlaf.

Das hat Jesus schon einmal gemacht und mich im Tiefschlaf überrascht. Das ist gar nicht so einfach, wenn man im tiefen Schlaf überrascht wird, man weiß im Moment gar nicht, wo man ist. Ja, und da habe ich etwas traumhaft Schönes für eine Mutter erleben dürfen.
Ich sah mein Kind, ich sah Frank umgeben von weißen Wolken und in der Mitte war alles Gold. Das war so wunderschön. Dann hat mein Rabbi meinen Sohn Frank begnadigt.

Danke, danke Rabbi. Ich danke dir von ganzem Herzen. Dann habe ich nach meinem Erdentod mein Kind wieder und das für die Ewigkeit.

Das war das schönste Weihnachtsgeschenk meines ganzen Lebens.

Danke, Rabbi!

Deine Sonja

Jetzt habe ich schon drei Menschen oben im Himmel gesehen, Irene, meine Schwester, die von meinem Rabbi begnadigt wurde. Norman, meinen Lieblingsernährungswissenschaftler, habe ich oben gesehen. Herr Dr. Norman Walker brauchte nicht begnadigt zu werden, denn er war sein ganzes Leben Vegetarier und auch anderweitig ein guter Mensch. Und meinen Sohn Frank habe ich oben gesehen, der von Jesus von Nazareth begnadigt wurde.

Ich bin die glücklichste Mutter der Welt.

Sonja

Dezember 2017

Vor ein paar Tagen fuhr ich mit dem Fahrrad zum Einkaufen. Auf der Strecke zum Lebensmittelgeschäft befand sich auf dem Radweg ein Wegebaufahrzeug. Ich dachte, was soll ich mich da vorbeiquetschen, und fuhr einen Umweg.

Auf halber Strecke befand sich eine Metzgerei. Was ich da sah, machte mich wahnsinnig wütend. Auf der Außenmauer dieser Metzgerei war ein riesengroßes Bild angebracht. Ein Bild mit Jesus von Nazareth. Über Jesus befanden sich weiße Friedenstauben.

Ich war fassungslos, dass man Jesus von Nazareth für so einen entsetzlichen Laden missbraucht. Ich habe lange gebraucht, um das zu verkraften.

Weihnachten

2017

Alles, alles Liebe zu deinem Geburtstag

wünscht dir deine

Sonja

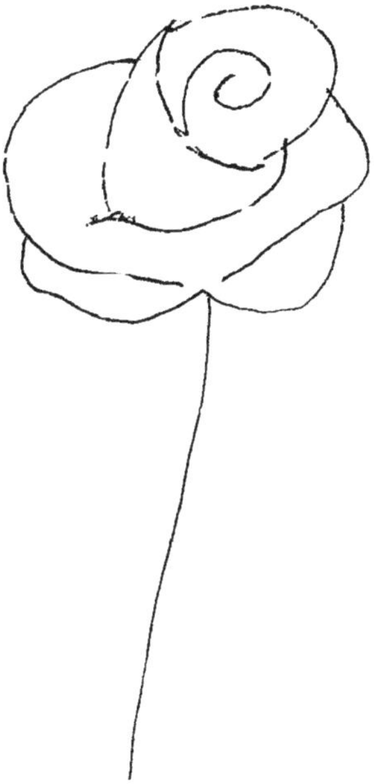

Silvester 2017/18

Wir haben Silvester 2017/18.

Alles Gute und viel Liebe für
das Jahr 2018 wünscht dir,
lieber Jesus, und deiner Crew
oben im Himmel

deine Sonja.

Auch die ganze Welt wünscht

euch alles Liebe.

Die Welt hat sich leider auch im Jahre 2017 nicht zum Guten gewendet. Teilweise ist alles noch viel schlimmer geworden, besonders was die Tiere betrifft.

Sonja

Januar 2018
BILD Deutschland
vom 27.01.2018

Skandal enthüllt

Deutsche Autobauer quälten Affen mit Diesel-Tests!
Es geschah in einem Labor in den USA.
„Zehn Affen wurden in einem Labor von deutschen Autoherstellern mit Auspuff-Gasen eines VW umnebelt. So sollte bewiesen werden, dass Diesel-Abgase nicht schädlich sind.
In einem Glas-Käfig mussten die Affen Abgase einatmen.
10 Javaner-Affen wurden in einen luftdichten Glaskasten gesteckt. Sie starren auf einen Bildschirm, auf dem Cartoon-Filme laufen. Das soll sie beruhigen. Dann strömen Auto-Abgase vermischt mit Luft in den Glaskäfig für bis zu vier Stunden!
Die deutschen Autobauer BMW, Daimler und VW führten in den USA geheime Diesel-Tests an Affen durch, berichtete zuerst die ‚New York-Times'.
BILD liegen Verträge, E-Mails, Gerichtsdokumente und Fotos der Tierversuche aus dem Mai 2015 vor. Die Unterlagen verdeutlichen, wie weit die Autofirmen gehen, wie gedankenlos sie agieren, um ihr Produkt gut dastehen zu lassen.
Affen sind bewegungsintensive Tiere, ruhiges Dasitzen vor einem Bildschirm ist Quälerei für sie. Durch die Abgase sind Tiere einer gesundheitlichen Bedrohung ausgesetzt. Diese Versuche sind völlig unnötig, da es bessere und leidfreie Testmethoden mit menschlichen Lungenzellen gibt!
Die Affen überlebten den Test.
Aber: Wie es den Tieren heute geht, kann keiner der drei Autohersteller auf BILD-Anfrage mitteilen. Einen Abschlussbericht gibt es bis heute nicht. Und soll es auch nicht mehr geben."

Gott Vater und Jesus von
Nazareth

sind empört und entsetzt über solche

„Schweinereien".

Gott Vater und Jesus von Nazareth betonen noch einmal:

„Hört auf mit den Tierversuchen,
egal welche!"

Alle Tiere sind unsere Geschöpfe und unsere Geschöpfe missbraucht man nicht, in keiner Weise!!!

Gott Vater

und

Jesus von Nazareth

im Januar 2018

7. März 2018

Kanal WDR 22.10 Uhr

„Die Story“

Das kurze Leben der Rennpferde.

Viele der Rennpferde haben Magengeschwüre durch Stress und Angst.
Die Pferde werden zu früh (also zu jung) mit zwei Jahren schon zum Rennen gezwungen. Der Tierarzt ist nicht gern gesehen auf dem Rennplatz. Er übt oft Kritik.
Alle Pferde sind aufgetrenst.
Aspantau, ein 136.000 Euro teures Pferd, musste auch mit zwei Jahren schon Rennen laufen. Das Geld muss ja wieder reinkommen.
Im Film sah man, wie eine Frau ein Pferd mehrere Male auf die Pferdenase schlug, um es in Zaum zu kriegen.
Die Pferde mögen diesen Rennsport überhaupt nicht.
Ein Pferd war schon vor dem Rennen schweißgebadet. Pferde werden oftmals in die Pferdeboxen zum Start gezwungen. Die Pferde haben furchtbare Angst, weil sie ja wissen, dass sie gleich geschlagen werden.

So einen Sport darf es nicht geben!!!
Lady (ein Pferd) hatte schon mit fünf Jahren einen schweren Sehnenschaden. Lady konnte nicht mehr am Rennen teilnehmen. Die Pferde sind alle psychisch schwer angeschlagen.
23 Stunden am Tag stehen die Pferde im Stall. Sie werden schlecht gehalten. Die Ernährung ist katastrophal. Die Pferde kommen nicht auf die Weide, um ein artgerechtes Pferdeleben zu führen. Die Pferde leiden unter der Boxenhaltung. Sie erfahren absolut keine artgerechte Haltung.

„Wo ist der Tierschutz?“

„Wo?“

Das fragen wir uns täglich, Jesus von Nazareth und ich und unsere Crew oben im Himmel.

Damit die Zunge beim Rennen nicht in den Kehlkopfbereich kommt, wird sie mit einem Zungenband mit einem Knoten festgebunden. So eine Tierquälerei habe ich in meinem Leben bei Pferden noch nicht erlebt. Auch die Benutzung der Peitsche ist erlaubt. Die Pferde werden zum Ziel gepeitscht.
Fünf Peitschenhiebe sind erlaubt. Im Film sah man neun Peitschenhiebe.

„Die Peitsche ist das Symbol des

Reitsports“

heißt es.

Die Pferde sind Sportinvaliden mit drei Jahren. Sie sind in diesem jungen Alter schon kaputt.
Einige wenige Pferde kommen nach dem grausamen Leben in einen Gnadenhof. Diese Pferde haben ja noch Glück. Verbrauchte Pferde des Rennsports landen oft bei den entsetzlichen Menschen von Metzgern.

Jesus von Nazareth ist geschockt über so viel Brutalität.

Hört auf mit dieser Tierquälerei. Ich garantiere jedem dieser menschlichen Schweinhunde eines der grausamsten Leben nach dem Tod für „die Ewigkeit“. Ich garantiere, dass ihr Schweinehunde tagtäglich ewigkeitslang solche Qualen erleidet.

Dafür hat mein Vater, „Gott Vater“, die Hölle gebaut.
Und man sieht: „nicht umsonst“.

Jesus von Nazareth

Da wir gerade beim Pferd sind, möchte ich noch erwähnen, dass auch der Sport „Polo“ eine der grausamsten Pferdesportarten dieser Welt ist.
Schaut, liebe Leserinnen und Leser, mal bei dieser „Sportart“ zu. Der Mensch sitzt auf dem Pferd mit einem Poloschläger in der Hand und drangsaliert das Pferd in sämtliche Richtungen, wo eben der Poloball hinfliegt. Wie die Menschen mit den Pferden umgehen, ist unsagbar. Auch diese Pferde haben den Eisenstab im Maul und werden nach rechts, nach links, rückwärts, vorwärts drangsaliert.
Auch diese Sportart ist zum Kotzen.
Ich möchte nicht wissen, wie viele Schläge im Eifer des Gefechts die armen Pferde an ihren hochempfindlichen Beinen abkriegen. Das ist sehr, sehr schmerzhaft.
Schaut euch, liebe Leserinnen und Leser, diesen „Sport“ mal an. Auch diese Sportart ist verwerflich und nicht akzeptabel.

Juli 2018

Liebe Leserinnen und Leser, bis jetzt war ich der Meinung, dass die Legebatterien bei der Hühnerhaltung das einzig Grausame waren. Aber dem ist leider nicht so.

Viele Menschen verharmlosen die Bodenhaltung. Habt ihr mal Bodenhaltung gesehen, egal ob bei Hühnern, Gänsen oder Enten? Das ist so schrecklich. Massenweise Tiere in enorm großen Räumen. So viele, dass sich die Tiere kaum bewegen können. Es ist grausam! Die armen Wesen können nachts überhaupt nicht schlafen. Wie auch bei der Masse Tiere? Vor Kurzem habe ich einen Nachbarn aus unmittelbarer Nähe getroffen. Wir unterhielten uns. Und da ich mit dem Fahrrad ab und zu an seinem Grundstück vorbeikomme, wusste ich, dass er Hühner hält. Seine Hühner haben es sehr gut. Sie haben einen großen Auslauf. Und was der Nachbar mir dann erzählte, verschlug mir die Sprache. Was er mir da erzählte, wusste ich noch nicht. Auch nicht aus den Medien.
Er erzählte mir, wie es Hühnern in den Eierfabriken geht. Bei einer normalen privaten Hühnerhaltung legen die Hühner nur von ca. Mai bis vielleicht Ende September Eier. Die andere Zeit können sich die Hühner vom Eierlegen erholen.
In den Legefabriken bekommen die Hühner ein bestimmtes Futter, dadurch müssen sie das ganze Jahr hindurch Eier legen. Diese armen Wesen können sich nicht erholen. Sie sind in ca. zwei Jahren kaputt. Dann werden sie auf den Müll geschmissen. Andere kommen ja nach. Man hat ja genug davon. Es gibt auch Eierfirmen, die nicht so groß sind wie diese großen Fabriken. Aber auch in den kleinen Firmen müssen die Hühner rund ums Jahr Eier legen. Von Erholung zwischendurch keine Spur. Und zusätzlich noch die grausame Bodenhaltung, bei der die Masse Hühner kaum ausreichenden Schlaf findet. Was sind das für Menschen, die nichts anderes im Kopf haben, als arme Tiere auszunutzen und auszubeuten. Können solche entsetzlichen Menschen nachts schlafen? Aber ich weiß ja von Jesus von Nazareth persönlich, wo diese Menschen nach ihrem

Erdentod hinkommen. Da, wo sie hinkommen, werden sie keinen Moment schlafen und sich erholen können – und das für die Ewigkeit. Dieses Leben nach dem Erdentod ist ihnen „bombensicher".

August 2018

Heute hat mir Jesus gezeigt, wo sich die Seele befindet

Wie die Seele aussieht, habe ich euch, liebe Leserinnen und Leser, schon beschrieben.
In einer Schädelhöhle liegt das etwas kleinere Gehirn und ist von einer Flüssigkeit umgeben. Diese Flüssigkeit nennt man Liquor. Die Flüssigkeit schützt das weiche, zerbrechliche Nervengewebe vor Schäden, die z. B. infolge eines Aufpralls bei einem Autounfall oder bei einer raschen Bewegung (Schleudertrauma) auftreten können. Ohne diesen Liquor würde das Gehirn in solchen Situationen von innen gegen den Schädelknochen stoßen. Die Flüssigkeit, das sogenannte Liquor, füllt auch die Kammern im Gehirn aus. Diese stützen das Gehirn von innen und verhindern, dass das zarte Hirngewebe unter seinem Eigengewicht zusammenbricht.
Für die Seele ist das natürlich uninteressant, denn sie lebt, egal was passiert, unversehrt weiter.
Ich zeichne euch das Gehirn von der Seite auf.

Äußere Oberfläche der linken Hirnhemisphäre.
Die Seele befindet sich mitten im Gehirn.

August 2018

Eine Nachricht aus Amerika

1000 Kinder wurden über
Jahrzehnte hinweg von 300
katholischen Priestern missbraucht
und vergewaltigt.

Die Kirche bzw. der Vatikan hat dieses Drama über 70 Jahre lang vertuscht.

Übrigens: In puncto Kinderschändung und Tiereessen steht die evangelische Kirche der katholischen Kirche in nichts nach.

Dies zur Aufklärung.

Oktober 2018

Missbrauch in der katholischen Kirche in Amerika

Wieder ein Missbrauchsskandal an Kindern.

3677 betroffene Kinder, meist männlich.
Missbrauch von über ca. 1000 Priestern.

Wie ist so etwas möglich, dass so ein Skandal nicht früher aufgedeckt wurde?

Der Vatikan vertuscht immer wieder solche schrecklichen Taten.

Oktober 2018

Mein Sohn war zu Besuch und dann gibt es immer eine heiße Debatte zwischen uns beiden. Ihr wisst ja, dass ich Jesus-Anhänger und Veganerin bin, mein Sohn ist Luther-Anhänger und Fleischesser. Seit zwölf Jahren versuche ich ihm verständlich zu machen, dass Jesus von Nazareth keine der beiden Kirchen, weder die katholische noch die evangelische Kirche, gegründet hat und somit mit beiden Kirchen nichts zu tun hat.

Vor 1700 Jahren hat Kaiser Konstantin die katholische Kirche gegründet. Kaiser Konstantin war ein Menschenmörder und Tiermörder. Er hat sogar Menschen aus seiner eigenen Familie umgebracht.
Luther, der sich vor ca. 500 Jahren von der katholischen Kirche losgelöst hat und seine eigene Religion gegründet hat, war ebenfalls ein Menschenmörder und Tiermörder.

Seit zwölf Jahren kenne ich Jesus von Nazareth persönlich und weiß von ihm selbst, dass er seine eigene Religion hat, die keine Menschenmorde, keine Tiermorde und keine Quälereien von Menschen und Tieren zulässt.
Obwohl beide Kirchen ihre eigene Religion haben, die weitgehend von der Religion Jesus von Nazareths abweicht, benutzen sie Jesus von Nazareth für ihre religiösen Ritualen und Machenschaften.

Jesus von Nazareth gibt beiden Kirchen, der katholischen sowie der evangelischen Kirche, die Gelegenheit umzukehren.
Das heißt, beide Kirchen müssen die Religion von Jesus von Nazareth komplett übernehmen. Wenn beide Kirchen die vollständige Religion von Jesus von Nazareth übernehmen, können beide Kirchen symbolisch Jesus von Nazareth in ihren Kirchen lassen.
Übernehmen beide Kirchen die komplette Religion von Jesus von Nazareth nicht, müssen beide Kirchen auf Jesus von Nazareth verzichten.

Ich hoffe, mein Sohn hat es jetzt verstanden, dass Jesus von Nazareth mit beiden Kirchen nichts zu tun hat. Es sei denn, beide Kirchen kehren um zur kompletten Religion von Jesus von Nazareth.

Ich lebe in zwei Welten, hier unten auf der Erde und oben im Himmel.
Und wenn ich nach oben gehe zu meinen Liebsten, dann geht nicht mein ganzer Körper nach oben, sondern meine Seele.

Es ist einmalig in der Geschichte, dass eine Seele aus einem lebenden Körper nach oben geht. Die Normalität ist, dass die Seele sich erst nach dem Erdentod löst und dann nach oben schwebt.

Ihr seht, liebe Leserinnen und Leser, Jesus von Nazareth beweist den Menschen wieder einmal, was er alles kann. Denn nicht ich löse meine Seele aus meinem Körper, sondern Jesus von Nazareth tut das.

Winter 2018

2006 wollte ich meine Ente Pünktchen in einen Gnadenhof bringen, weil sie ohne Anton so alleine war. Ich entschied mich für den Gnadenhof „Gut Aiderbichl".
Aber Jesus von Nazareth entschied sich damals anders. Jesus gab mir zu verstehen, dass ich den Fernseher einschalten sollte auf einen bestimmten Kanal. Das tat ich natürlich. Es lief eine Reportage über den Gnadenhof „Gut Aiderbichl". Es war eine schöne Sendung. Sie retten Tiere!
Aber am Schluss des Films wurde Fleisch gegrillt. Darüber war ich natürlich entsetzt. So etwas gibt es bei Jesus von Nazareth nicht: Tiere retten und Tiere essen.

Heute habe ich zufällig eine Broschüre des Gnadenhofs „Gut Aiderbichl" erhalten und habe gelesen, dass auf „Gut Aiderbichl" kein Fleisch mehr verspeist wird. Ich habe mich riesig gefreut!!!

Wenn es mir mal möglich ist, werde ich „Gut Aiderbichl" besuchen. Jesus kommt natürlich mit.

Sonja

Ein Auszug aus dem Buch:

„Tiere leben lassen“
von
Prophetin Gabriele

Tiere und Natur genießen in unserer Gesellschaft keine Achtung. Sie wurden zu Produktionsfaktoren degradiert, ohne Würde, ohne Rechte.
Der Prophet Jesaja hat vor Tausenden von Jahren angekündigt:

> „Das Lamm wird beim Wolf
> liegen, der Löwe beim Kalb,
> und ein kleiner Junge wird
> sie hüten“.

Das ist der Beginn des Friedensreiches.
Das kann jedoch erst werden, wenn der Mensch keinem Lebewesen mehr Leid zufügt. Die Verwirklichung dieser großen Vision hängt einzig ab von der Entscheidung eines jeden einzelnen. Ein guter Anfang wäre gemacht, wenn das buchstäbliche Töten und Morden von Tieren zum Fleischgenuß des Menschen ein Ende fände. Dazu bedarf es des Umdenkens, denn viele Menschen machen sich nicht bewußt, woher das Fleisch auf ihrem Teller kommt. Gedankenlos verspeisen sie den Sauerbraten, die Roulade, das Würstchen, das Filet und ignorieren die Tatsache, dass sie sich soeben an Tierleichenteilen gütlich tun.
Wer sich mit der Frage auseinandersetzt „ Fleisch essen, ja oder nein?“, ist jedoch oft verunsichert, da ihm im christlichen Abendland von Kindesbeinen an eingetrichtert wurde, Fleisch sei gesund, ja unerlässlich für das Gedeihen des menschlichen Körpers. Ein Kind, das oft noch das rechte Herzensgefühl hat und sich instinktiv gegen das Fleischessen wehrt – besonders wenn es erfährt, dass dafür Tiere getötet werden -, wird meist mit vielen Argumenten mundtot gemacht.

Die Barbarei gegenüber den Tieren geht letztlich auf Berichte im Alten Testament zurück, in denen angeblich Gott den Priestern befohlen haben soll, Tiere grausam hinzuschlachten und zu opfern. Seitenweise wird dem Bibelleser bei Moses vorgegaukelt, Gott wolle, dass Tiere gefoltert und für Ihn getötet werden. Schlau wurden diese Texte so manipuliert, dass die Gläubigen glauben sollen, Gott sei ein perverses, brutales, liebloses und jähzorniges Wesen, das seine Freude an brutalem und sinnlosem Gemetzel von Tieren habe.
Wer glaubt, das sei Gottes Wort, so, wie es einem die großen Institutionen weismachen wollen, der ist der Verdunklung der Wahrheit auf den Leim gegangen.
Wer jedoch bei den Propheten forscht, findet sogar in der Bibel noch so manch wahres Wort Gottes zum Beispiel:
„Wer einen Ochsen schlachtet, ist eben als einer, der einen Menschen erschlüge; wer ein Schaf opfert, ist als der einen Hund den Hals bräche, wer Speiseopfer bringt, ist als der Saublut opfert; wer Weihrauch anzündet, ist als der das Unrecht lobt. Solches erwählen sie in ihren Wegen, und ihre Seele hat Gefallen an ihren Greueln." (Jesaja 66, 3).
„Ihr Opfer schlachten und Fleisch fressen ist mir ein Greuel und der Herr hat kein Gefallen daran ..." (Hosea, 8, 13).
Der große Kirchenlehrer Hieronymus bringt es auf den Punkt: „Der Genuß des Tierfleisches war bis zur Sintflut unbekannt. Aber seit der Sintflut hat man uns die Fasern und die stinkenden Säfte des Tierfleisches in den Mund gestopft ...
Jesus Christus, welcher erschien, als die Zeit erfüllt war, hat das Ende wieder mit dem Anfang vergnüpft, so dass es uns jetzt nicht mehr erlaubt ist, Tierfleisch zu essen."
Wie Jesus, der Christus, der Sohn Gottes, zum Töten und Quälen von Tieren stand und was ER darüber lehrt, geht aus vielen weiteren Aussagen klar hervor, z. B.: „ Und als Jesus nach Jericho ging, begegnete Ihm ein Mann mit jungen Tauben und einem Käfig voller Vögel, welche er gefangen hatte und ER sah ihren Jammer darüber, dass sie ihre Freiheit verloren hatten und außerdem Hunger und Durst litten, und ER sprach zu dem Manne:

Was tust du mit diesen?" „ Ich lebe davon, dass ich die Vögel verkaufe, die ich gefangen habe."
Und Jesus sprach zu ihm: „Was denkst du, wenn ein Stärkerer oder Klügerer, als du bist, dich gefangen nehmen und dich fesseln würde oder auch dein Weib oder deine Kinder und dich ins Gefängnis werfen würde, um dich zu seinem eigenen Vorteile zu verkaufen und seinen Lebensunterhalt damit zu verdienen?"
Sind diese da nicht deine Mitgeschöpfe, bloß schwächer als du? Und sorget nicht derselbe Gott, Vater und Mutter, für sie ebenso wie für dich?
Lasse diese deine kleinen Brüder und Schwestern in Freiheit, und siehe zu, dass du solches nie wieder tust, sondern dass du ehrlich dein Brot verdienst."
Und der Mann erstaunte über diese Worte und Seine Vollmacht und ließ die Vögel frei.
Als die Vögel herauskamen, flogen sie zu Jesus auf Seine Schultern und sangen Ihm."
Mahatma Gandhi, Nobelpreisträger 1913 sagte schon: „Für mich ist das Leben eines Lammes nicht weniger wertvoll als das Leben eines Menschen. Und ich würde niemals um des menschlichen Körpers willen einem Lamm das Leben nehmen wollen. Je hilfloser ein Lebewesen ist, desto größer ist sein Anspruch auf menschlichen Schutz vor menschlicher Grausamkeit ..."
Immer mehr Menschen denken wie er, immer mehr ziehen daraus die Konsequenzen und gewinnen eine höhere Lebensqualität.

Dezember 2018

Mittlerweile gibt es hier einige vegane Lokalitäten.

Vor ein paar Tagen habe ich in einem kleinen veganen Café einen leckeren Kuchen gegessen. Die anderen Lokalitäten werde ich in nächster Zeit besuchen. Ich drücke die Daumen, dass noch viel mehr vegane Lokalitäten hinzukommen.

Wieder ein schönes Weihnachtsgeschenk von meinem Rabbi, dass es schon vegane Lokalitäten gibt.

Danke!
Deine Sonja

Weihnachten

2018

Zu deinem Ehrentag alles Liebe wünscht dir von ganzem Herzen

deine Sonja.

Mögen alle deine Wünsche für die Zukunft in Erfüllung gehen!

Winter 2018

Wir hatten Winter. Es lag Schnee. Ich ging auf die Terrasse und wollte meine Amseln im Garten füttern. Auf der Terrasse stand eine große Tüte mit Amselfutter. Ich nahm etwas davon und ging die Stufen hinunter in den Garten.

Plötzlich rutschte ich aus. Und während des Sturzes hatte ich nur einen Gedanken: Hoffentlich schlägst du nicht mit dem Kopf auf die kleine Steinmauer.
Plötzlich spürte ich, wie zwei Hände meinen Kopf hielten. Es waren die Hände von Jesus von Nazareth, von meinem Rabbi. Das war ein wunderschönes Gefühl, mein Kopf lag geborgen in den Händen des wunderbarsten Menschen der Welt.

Danke, danke, Rabbi,
für dieses wunderbare
Erlebnis.

Deine Sonja

Winter 2018

Heute war Jesus sehr sauer auf mich. Ich muss ihn sehr verärgert haben. Da Jesus von Nazareth Gedanken lesen kann, wusste er, was in mir vorgeht.

Wir sind jetzt zwölf Jahre zusammen, die Welt verändert sich immer mehr zu einer Katastrophe. Den Tieren geht es immer schlechter. Und da habe ich zu mir gesagt: Wir müssen jetzt endlich etwas tun. Ich komme mir vor, als stünde ich wie blöd vor einer Mauer und könnte nicht da durch.
Und daraufhin hat Jesus mir gezeigt, wie das ist, wenn man „mit dem Kopf durch die Wand" will.

Eines Tages ging ich wieder hinaus in den Garten und wollte die anderen Vögel füttern, Meisen, Spatzen usw. Um die Meisenknödel in den Baum zu hängen, musste ich auf eine kleine Mauer klettern. Ich merkte schon seit zwei Tagen, dass etwas auf mich zukommt. Nur was, wusste ich nicht. Jesus musste dieses Mal unheimlich berechnen. Es sollte ja nicht tödlich sein, aber einen Denkzettel hatte ich verdient, weil ich einfach nicht abwarten kann, bis Jesus das Startzeichen gibt, dass es endlich losgeht. Ja, dann kam das Unheil, ich stürzte und schlug mit dem Hinterkopf gegen eine Mauer. Mein Kopf blutete, mein linkes Handgelenk schmerzte und mein linker Daumen tat bei jeder Bewegung weh. Als ich zu mir kam, sagte ich: „Mein Gott, das hätte jetzt tödlich sein können."

So, hat Jesus gesagt, jetzt weißt du, wie das ist, wenn man „mit dem Kopf durch die Wand" will. Damit erreicht man nichts. Also, nicht durch die Wand wollen, immer schön abwarten, bis der richtige Zeitpunkt da ist.

Ich verspreche dir, lieber Rabbi, dass ich dich nie mehr „nerve".

Deine Sonja

Hallo, ihr Lieben oben im Himmel!

Ich wünsche euch allen und auch den Tieren, die bei euch oben sind,

alles erdenklich Gute
für das
Jahr 2019.

Eure Sonja

Winter 2019

Ich hatte mit Rabbi ein Gespräch.
Als ich nachts oben war, sagte ich zu Rabbi: „Jesus, ich merke sofort, wenn du etwas mit mir vorhast und auch ausführst, dass das von dir kommt."
„Oh", sagte Jesus, „ich kann auch anders."
Ich fuhr mit dem Fahrrad zum Einkaufen und auf dem Heimweg wollte ich auf die Garageneinfahrt fahren und plötzlich stürzte ich und lag auf der Straße. Es war ein nasskalter Tag. Das, was ich im Einkaufskörbchen hatte, lag auf der Straße. Meine Mütze flog in hohem Bogen auf die schmutzige Straße. Mein Mantel war auch etwas schmutzig geworden.
Mein Ehrenwort, ich hatte diesmal nicht gemerkt, dass Jesus etwas mit mir vorhatte, und auch der Sturz war ganz normal, wie es eben im wirklichen Leben geschieht.
„Na", hat Jesus so spitzbübisch gesagt. „Und wie war es diesmal?"
„Super", habe ich gesagt, „ich habe nicht gemerkt, dass du es warst, der mich mal wieder vom Fahrrad geholt hat. Super, super, du kannst was, Rabbi."

Ihr seht, liebe Leserinnen und Leser, Jesus von Nazareth kann einfach alles. So ist ER, „der große Meister".

Eure Sonja

Das versteinerte Gesicht eines Papstes

Papst Franziskus befindet sich auf einer Auslandsreise.

An einem gewissen Tag sagte ein Kind zu Papst Franziskus,

es wünsche sich so sehr, dass
der Papst Veganer würde.

Papst Franziskus Gesicht versteinerte sich im wahrsten Sinne des Wortes.

Er wusste gar nicht, was er sagen sollte. Viele Menschen auf der Welt wissen, dass Papst Franziskus Fleischesser ist. Und viele Menschen wissen, dass die Religion von Jesus von Nazareth den Veganismus beinhaltet.

Papst Franziskus gilt im Vatikan als Vertreter von Jesus von Nazareth.

Papst Franziskus hat auf den Wunsch des Kindes nicht reagiert und nichts dazu gesagt.

24. 2. 2019

Missbrauch von Kindern in der katholischen Kirche:

Anti-Missbrauchsgipfel im Vatikan

Rede von Papst Franziskus im Fernsehen.

Missbrauch ist ein universales Problem, so Papst Franziskus.

Wir müssen den Weg der Reinigung gehen.

April 2019

Jesus hat mir den kleinen bunten Schmetterling geschickt. Ihr wisst ja, liebe Leserinnen und Leser, dass der kleine, süße, bunte Schmetterling auch für mich der Vorbote des Todes ist.

Ich merke schon seit einiger Zeit, dass ich immer nervöser werde. Habe auch leichte Magenschmerzen. Aber es strömt ja nicht nur das, was ich mit Jesus erlebe, auf mich ein, sondern mein Umfeld ist ja auch noch da.

In meiner ganzen Verzweiflung bat ich den bunten Schmetterling, zu Jesus zu fliegen und ihm zu sagen, Jesus möge mich bitte gesund machen.
Mein kleiner bunter Schmetterling flog zu meinem Rabbi und überbrachte ihm meine Bitte.
Und tatsächlich, Jesus hat mich geheilt. Herrlich, es ist ein schönes Gefühl, gesund zu sein.

Danke, danke, Rabbi!
Ich bin so glücklich.

Deine Sonja

April 2019

Die Kuhglocken dürfen weiter läuten, so ein Artikel in der Friedberger Allgemeinen vom 11. April 2019, Nr. 86.

Aber bei Jesus von Nazareth dürfen die Kuhglocken nicht weiterhin läuten: Jesus von Nazareth empfindet es als eine ungehörige, massive Tierquälerei, Kühen Glocken umzuhängen, damit sie die ganzen Tage und die ganzen Nächte bei jeder geringsten Bewegung das Gebimmel ertragen müssen.

Menschen, die dafür sind, dass Kühe Tag und Nacht die Glocken tragen sollen, denen müsste man Tag und Nacht eine Glocke um ihren Hals binden, damit sie Tag und Nacht nicht zur Ruhe kommen.

Was du nicht willst,
das man dir tu,
das füg auch keinen
Tieren zu.

Jesus von Nazareth
2019

Karfreitag 2019

Um ca. 15 Uhr war ich bei meinem Rabbi an unserem Treffpunkt. Dieses Mal war unser Treffen wunderbar.

Es war so schön, ich wollte gar nicht mehr nach Hause fahren.

Ich habe vor ein paar Tagen ein wunderschönes Geschenk zu Ostern von meinem Rabbi bekommen.

Ich wollte mit meinem Fahrrad eine Straße überqueren und plötzlich bog ein Auto in meine Straße ein. Und wer saß am Steuer?

Mein Rabbi!

Das war so schön, Jesus war hier. Ich konnte das alles gar nicht fassen. Dass ich die glücklichste Frau der Welt war, das kann sich ja jeder vorstellen.

Das war ein Traumtag.

Danke, Rabbi, für dieses wunder-
schöne Erlebnis.

Deine Sonja

Grausame Gewalt überschattet

Osterfest 2019

Anschläge in Sri Lanka:

Durch Bombenanschläge

253 Tote und
500 Verletzte,

drei Hotels und 32 Kirchen waren betroffen.

Mai 2019

Und hier etwas zum Schmunzeln. Man kriegt auch Spaß mit Jesus und seinen Liebsten oben im Himmel. Es dreht sich nicht immer alles Tag und Nacht um Religion.

Ihr wisst ja inzwischen, liebe Leserinnen und Leser, dass Jesus Gedanken lesen kann. Eines Tages sagte ich zu mir: Ich bin lieber nachts oben im Himmel, dann ist es dunkel und ich sehe alles viel besser.
Ja, ganz ehrlich, so habe ich es empfunden, dass ich, wenn es etwas dunkel ist, alles besser sehe.
Eines Nachts kam ich rauf und es war sage und schreibe stockdunkel. Ich habe nichts sehen können, gar nichts. Alle haben gelacht und meinten: „Ja, du hast ja gedanklich gemeint, wenn es dunkel ist, siehst du uns besser. Deshalb haben wir es dir ganz dunkel gemacht." „Ja", habe ich gesagt, „aber doch nicht gar so dunkel." Wir alle haben noch lange darüber gelacht. So sehr gelacht, dass Jesus noch etwas gezaubert hat.

Ich saß eines Abends vor dem Fernseher und im hinteren Bereich des Wohnzimmers habe ich Lampen an, so dass es auch drüben im Esszimmer nicht ganz dunkel ist.
Aber plötzlich war die Essecke dunkler, und eine dunkle Gestalt huschte von der Küche in die Essecke. Und als die Gestalt merkte, dass ich sie gesehen hatte, husch war sie wieder weg.
Das ging drei Abende so.
Wer hat mir da einen Streich gespielt?
Es war bestimmt Rabbi. Unsere Crew oben im Himmel hat sehr, sehr gelacht.
Ich habe Rabbi bis heute nicht gefragt, wer das war.
Ich frage auch nicht. Es soll ein Geheimnis bleiben.

Wanted:
ca. 1,80 m groß,
schlank,
„dunkel".

Ihr seht, liebe Leserinnen und Leser, wir kriegen auch Spaß miteinander.

Eure Sonja

26.06.2019

Kanal Das Erste (ARD), 23.30 Uhr
Dokumentarfilm

„Das System Milch“

Andreas Pichler zeigt, dass von dem romantisch verklärten Bild der Milchviehwirtschaft nicht viel übrig ist.
Sie ist längst zu einer milliardenschweren Industrie geworden.

750 Kühe und 12 Angestellte in Dänemark. Die mächtigsten Akteure in der Milchwirtschaft, z. B. Arla.

Donzdorf in Deutschland: ein Familienbetrieb (Fa. Geiger) mit 250 Kühen. Weidehaltung ist mit so vielen Tieren nicht mehr möglich.

Eine Kuh kann 30 Jahre alt werden. In den Ställen kämpft sie ums Überleben, damit sie wenigstens fünf Jahre alt wird. Mit fünf Jahren ist eine Kuh körperlich und seelisch kaputt, die jedes Jahr ein Kind (süßes Kälbchen) gebären muss. Eine Kuh hat bei der Geburt ihres Kindes die gleichen Schmerzen wie wir weiblichen Menschen. Dazu noch die grausame Stallhaltung.

Ein Kuhstallbetreiber sagte zum Filmteam:

„Unsere Tiere sind Nummern,
Kälber sind Abfallprodukt.“

In Ländern, in denen am meisten Milch getrunken wird, haben die meisten Menschen

Knochenbrüche und
Osteoporose.

Hoher Milchkonsum kann Prostatakrebs, Brustkrebs und andere Krebsarten erzeugen.

Wann werden die Menschen endlich schlau und verwenden keine Milchprodukte mehr?

Jeder Mensch, der Milch trinkt und Milchprodukte verwendet, ist schuld am Elend der Tiere.

Milch ist nicht so gesund, wie die Industrie behauptet!!!

Juli 2019

Jesus hat versprochen, an meinem Geburtstag bei mir vorbeizukommen.

Bin gespannt, ob ER sein Versprechen hält.

Sonja

Juli 2019

Organspende

Es bedarf mindestens zweier Ärzte, die nach mehreren Untersuchungen den „neuen Tod“, den Hirntod, bescheinigen müssen. Aber der Hirntote kann noch nicht beerdigt werden, denn der gesamte Körper lebt ja noch.
Der Hirntod darf niemals als Tod anerkannt werden. Es ist sogar schon vorgekommen, dass „Hirntote“ nach längerer intensiver Betreuung wieder quicklebendig waren.

Wenn ihr das Buch von Jesus von Nazareth gelesen habt, dann wisst ihr, dass sich bei sogenannten „Hirntoten“ die Seele noch im Körper befindet. Und dann wisst ihr auch, dass eine Seele alles miterlebt, was im Körper vorgeht. Sie empfindet den Schmerz, die furchtbare Angst und alles Entsetzliche, was bei einer „Ausschlachtung“ passiert. Erst wenn der Mensch 100%ig tot ist, geht die Seele aus dem Körper heraus nach „oben“. Dann erst spürt der Körper nichts mehr.

Ich kann mich an eine Talkshow im Fernsehen erinnern. Es ging unter anderem um das Thema Organspende. Eine Mutter erzählte, dass sie ihren Sohn zur Organspende freigegeben hat. Sie durfte ihr Kind nach der Ausschlachtung noch mal sehen. Sie hat ihren Sohn nicht mehr wiedererkannt. Sie sagte vor Millionenpublikum: Nie würde sie das nochmal zulassen.

Jesus von Nazareth sagt zu dem sogenannten „Hirntod“:

„Maßet euch nicht an
Gott zu spielen.
Das könnt ihr nicht.“

Jesus von Nazareth findet das „Gesundheitssystem“ gar nicht gut.

Jesus sagt: „Macht die Menschen gesund durch Ratschläge zu gesunder Ernährung. Viel, viel Salate, kein Fleisch, keine Wurst, keinen Käse von der Kuh oder vom Schaf usw. Es gibt super vegane Brotaufstriche und wunderbare Bücher über gesunde Ernährung. Wenn man die vegane Ernährung eine Zeit lang richtig befolgt, braucht man keine ‚Pillen' von der Pharma-Industrie und die Organe werden nicht ‚reif für eine Ausschlachtung'."

Gott Jesus von Nazareth
(Arzt)
2019

24.12.2019

Wir haben Weihnachten 2019.

Alles Liebe zu deinem Geburtstag, lieber Rabbi, wünsche ich dir von ganzem Herzen.

Ich komme dich heute an der kleinen Kirche besuchen.
Darauf freue ich mich ganz besonders.

Alles Liebe der Welt wünscht
dir
deine Sonja

24.12.2019

Weihnachten 2019

Ich habe ein wunderbares, aber ausgefallenes Weihnachtsgeschenk von meinem Rabbi bekommen.
An unserem Wohnzimmerfenster, 5,50 m lang, ist der elektrische Rolladen kaputt. Er geht weder rauf noch runter. Er bleibt oben stecken. Wir sind dadurch ungeschützt vor Einbrechern. Das ist natürlich für mich Angsthäschen schlimm.
Aber Rabbi hat das komplette Haus unter Beobachtung gestellt und sogar so eingestellt, dass niemand hier rein kann.
Ihr müsst euch das so vorstellen, liebe Leserinnen und Leser. Oben im Himmel oder unten in der Hölle gibt es auch keine Türen mit Schlössern zum Zusperren. Und trotzdem kann niemand raus oder rein ohne die Genehmigung von Jesus von Nazareth. So funktioniert das hier jetzt auch.
Hier in dieses Haus kommt keiner rein, den Jesus hier nicht wünscht.
Ja, ein Gott kann eben alles.

Danke, danke Rabbi, ich habe dich wahnsinnig lieb.

Danke für deine Beschützung!
Deine Sonja

Silvester 2019/20

Hallo Rabbi!

Das Jahr 2019 geht zu Ende. Für das kommende Jahr 2020 wünsche ich dir viel, viel Erfolg für dein Vorhaben. Auch unserer Crew oben im Himmel wünsche ich alles erdenklich Gute für das Jahr 2020.

Um 24.00 Uhr denke ich an dich und unsere Liebsten oben im Himmel. Ich proste euch mit einem Gläschen Sekt zu.

Tschüss bis bald

Sonja

März 2020

Jetzt haben wir den „Salat“

Der Coronavirus grassiert nun schon auf der ganzen Welt.
Schon viele Menschen sterben an diesem Virus.
Jesus von Nazareth könnte helfen, wenn er es wollte.
Aber Jesus von Nazareth hilft nicht.
Seit 14 Jahren bin ich mit Jesus von Nazareth zusammen und weiß von ihm persönlich, dass er

„Fleischessern“

nicht hilft.

Ihr seht, liebe Leserinnen und Leser, seit 14 Jahren warne ich Menschen (bisher leider nur im kleinen Kreis), sie sollen das Tiereessen sein lassen. Sie tun es aber nicht.
Wenn ihr, liebe Leserinnen und Leser, das gesamte Buch von Gott Jesus von Nazareth gelesen habt, dann wisst ihr, dass ER alles kann. Mit der Epidemie des Coronavirus beweist Jesus von Nazareth der Welt wieder mal, dass er

„Fleischessern“

nicht hilft.

Ein Beispiel:
Mein Sohn weiß von mir, dass Jesus in die Zukunft schauen kann. Jesus von Nazareth weiß alles im Voraus.
Mein Sohn meinte, warum hat Jesus die „Christen“ von Sri Lanka nicht gewarnt und ihnen somit geholfen.
Jesus von Nazareth sagt:
Das waren keine „Christen“:

„Ein Christ isst keine Tiere.“

März 2020

Eine Fernsehübertragung aus dem Vatikan.

Man sah das Kreuz Jesu. Seine Füße befanden sich in Höhe eines Menschen.

Papst Franziskus küsste die Füße von Jesus von Nazareth.

Ich war fassungslos, als ich das sah.
Ein Fleischesser, der Papst Franziskus immer noch ist, küsst die Füße des mächtigsten Mannes der Welt.
Papst Franziskus weiß, dass die Religion von Gott Vater und Gott Jesus von Nazareth den Veganismus beinhaltet.
Trotzdem bleibt Franziskus Fleischesser.

Diese Verhöhnung Jesus von Nazareth gegenüber war der Gipfel im Leben des Papstes Franziskus.

Ostern 2020

Jesus hat sich etwas Besonderes für mich ausgedacht.

Heute, Karfreitag, war ein interessanter Tag für mich. Ich habe Rabbi um ca. 3.00 Uhr nachmittags an unserem Treffpunkt besucht. Zu meiner Überraschung saß dort eine Frau auf einer Sitzgelegenheit und las in einem Buch. Ich begrüßte die Dame und wechselte ein paar Worte mit ihr. Sie hatte ein Kätzchen dabei. Kitty hieß die kleine, süße Katze und sie ist sieben Jahre alt. Dann ging ich zu Rabbi. Ich habe zu Rabbi gesagt: „Herzlichen Glückwunsch zu deinem Überleben." Ich konnte mir ja erlauben, das zu sagen, denn ich bin ja der einzige Mensch auf dieser Welt, der weiß, dass Jesus von Nazareth die Hinrichtung überlebt hat.

Ich hatte zwei wunderschöne rote Rosen für meinen Rabbi dabei. Und wie jedes Jahr habe ich die Rose geküsst und sie durch das Gitter geworfen. Ich hatte Glück, sie fiel genau in Richtung meines Rabbi.
Dann verabschiedete ich mich von Rabbi und ging hinüber zu dem anderen kleinen Gebäude. Ich begrüßte auch dort Jesus, küsste die Rose und warf sie zu Rabbi. Dann verabschiedete ich mich auch dort von Jesus, ging zurück zu meinem Fahrrad und verabschiedete mich von der lesenden Dame und natürlich auch von der süßen Kitty.

Dann ging ich zu Fuß neben meinem Fahrrad eine gewisse Strecke.
Plötzlich kam ein wahnsinniger Sturm. Das Gefühl war, als wenn ich mich in einem Wirbelsturm mitten in der Wüste befinden würde. Ein Sandsturm wie bei Moses in der Wüste. Meine Kapuze an der Jacke und die Jacke flogen hoch. Es war wirklich wie in einem Sandsturm.
Ich habe den Sand gesehen, wie er umeinander wirbelte. Ich habe meine Arme hochgerissen, um meine Augen zu schützen.

Auch das Geräusch eines starken Sturmes konnte ich hören. Ich war fasziniert und ängstlich zugleich. Das war ein Erlebnis, das ich nie mehr vergessen werde.
Herrlich aufregend wie in einem Film.
Ich hatte kein Zeitgefühl, darum weiß ich auch nicht, wie lange das gedauert hat. Es waren viele Leute unterwegs, vielleicht hat jemand das Schauspiel beobachtet.
Und jetzt hat Jesus uns bewiesen, dass auch ER „Hollywood" pur ist.
Ist das nicht wunderbar!!!
Dann fuhr ich mit dem Fahrrad nach Hause und habe oft darüber nachgedacht, wie Jesus so etwas naturgetreu zaubern kann.

Danke, danke Rabbi, dass ich das alles erleben darf. Manchmal komme ich mir vor, als wäre ich in einem superaufregenden Film.

Ich habe dich wahnsinnig
lieb.

Deine Sonja

Übrigens, das Schauspiel hat niemand beobachtet. Es hat sich alles in meinem Gehirn abgespielt. Und genau das vergesse ich immer, weil das alles so naturgetreu und real ist, kann ich nie begreifen, dass sich das alles nur in meinem Gehirn abgespielt hat.
Ein paar Tage nach diesem Hollywoodreifen-Ereignis hatte ich noch Sand in den Augen. Es hat noch Tage gedauert, bis der Sand ganz aus meinen Augen verschwunden war. Aber das war echt! Oder?

Ich möchte alles wahrheitsgemäß wiedergeben, wie ich alles erlebt und empfunden habe.

Sonja

Mein Sohn war mit seiner Familie hier bei mir zu Besuch. Petra, seine Frau, hat uns zu ihrem Geburtstag eingeladen.
Aber leider sind alle fünf (außer mir) keine Veganer und Jesus möchte nicht, dass ich an Feierlichkeiten teilnehme, wo Tiere gegessen werden, auch nicht, wenn ich vegan esse. Jesus hätte es gerne gehabt, wenn ich die Einladung nicht angenommen hätte. Es ist aber auch schlimm: Seit 14 Jahren, solange ich mit Jesus von Nazareth zusammen bin, sage ich zu meinem Umfeld, dass Jesus gegen das Essen von Tieren ist. Sie hören einfach nicht auf mich.

Jesus von Nazareth ist es vor ca. 2000 Jahren so ergangen. ER ist bei Fleischessern eingeladen worden. Normal hätte Jesus die Einladung nicht angenommen. Aber Jesus wusste, dass die Gastgeber ihn kannten und wussten, dass er Gottes Sohn ist und dass seine Religion den Vegetarismus beinhaltet. Somit war Jesus der Meinung, dass man ihm etwas Vegetarisches anbietet. Dem war nicht so. Sie haben Jesus bewusst nichts Vegetarisches angeboten mit dem Hintergedanken: Wenn IHM, Jesus von Nazareth, das Fleisch schmeckt, ändert ER seine Religion.

Jesus war enttäuscht von solchen hinterhältigen Menschen. Jesus von Nazareth hat seine Religion vor ca. 2000 Jahren nicht geändert. In der heutigen Zeit hat Jesus seine Religion in einigen Dingen abgeändert.
Jesus war sehr wütend und enttäuscht, dass ich die Einladung zur Geburtstagsfeier angenommen habe:
Heute, 31. Mai 2020
Mein Familienmitglied und ich fuhren mit dem Fahrrad zur Geburtstagsfeier. An einer bestimmten Stelle kippte ich mit dem Fahrrad um und schlug auf eine kleine Mauer. Mit dem Kopf (linke Schläfe) stürzte ich auf diese Mauer. Zu allem Unglück für mich muss ich Jesus bewundern, wie er alles in Sekunden berechnen kann. Er trifft genau an der Schläfe einen Punkt, wo das Blut unter der Haut (unter dem linken Auge) gerinnt.

So nenne ich es jetzt einfach mal. Aus der medizinischen Literatur weiß ich, dass, wenn man auf die Schläfe stürzt, kann das tödlich sein.
Aber ich lebe noch.
Ich möchte, dass die Welt das liest. Jesus von Nazareth kann unheimlich lieb sein, aber wenn ihm was nicht passt, kann er ausrasten.
Jesus von Nazareth wird von den Kirchen dargestellt, als wenn er alle Menschen dieser Erde liebt. Dem ist aber nicht so.

Jesus von Nazareth verachtet:

Fleischesser
Tiermörder
Menschenmörder
Tierquäler
Menschenquäler
und Menschen, die
Kinder misshandeln,
darunter fällt auch
sexueller Missbrauch
von Kindern,
sowie Lügner

Jesus von Nazareth möchte nicht, dass ich an Feierlichkeiten teilnehme, wo Tiere gegessen werden, auch dann nicht, wenn ich vegan esse.
Ich hätte es gerne, wenn ich die nächsten Geburtstage hier bei uns zu Hause ausrichte.
Dadurch hat Jesus die Gewissheit, dass hier keine Tiere gegessen werden.

28. Juli 2020

Heute war ein grausamer Tag für mich. Meine geliebte Katze Billy ist tot. Sie ist 16½ Jahre alt geworden. Ich hätte sie gerne viel, viel länger bei mir gehabt.

Da Jesus von Nazareth den Tieren auch in puncto Gesundheit helfen möchte, schreibe ich Folgendes:
Die meisten Tierärzte behandeln schon kranke Tiere mit Chemiekeulen. Billy bekam Tabletten. Wir haben im Internet über diese Tabletten recherchiert. Diese haben erhebliche Nebenwirkungen. Dann bekam Billy zu allem Übel noch eine Kortison-Spritze. Das alles schädigt mehr, als es hilft. Der ganzheitlich arbeitende Arzt versucht, den Organismus wieder in den Zustand zu versetzen, in dem er vor der Erkrankung war. Aber nicht mit Chemiekeulen.
Nun kommen wir zum Impfen:
Generell werden Hunde und Katzen jährlich geimpft. Beim Hund und bei der Katze ist Quecksilber vor allem in Impfstoffen eine Gefahr. Neben Thiomersal (Quecksilber) als Konservierungsstoff wird Aluminium als Wirkverstärker verwendet. Beides ist giftig. Es gibt keine Impfstoffe, die nur für ein Jahr gültig sind. Und trotzdem wird in den meisten Tierarztpraxen jährlich geimpft. Impfstoffe mit Adjuvantien sind sehr gefährlich. Es gibt mittlerweile schon adjuvansfreie Impfstoffe. Aber in den meisten Praxen wird weiterhin mit adjuvanshaltigen Impfstoffen geimpft und an den jährlichen Impfwiederholungen festgehalten.

Liebe Leserinnen und Leser, wenn ihr eurem kleinen Liebling Hund und/oder Katze etwas Gutes tun wollt, dann erkundigt euch bei der nächsten Impfung bei eurem Tierarzt, wie lange der jeweilige Impfstoff wirkt (zwei Jahre, manchmal sogar drei Jahre).

Und besteht darauf, dass euer kleiner Liebling adjuvansfreien Impfstoff erhält. Wenn ihr es möchtet.

Oktober 2020

Ich rätsel die ganze Zeit darüber, wo wir die Feierlichkeiten veranstalten, wenn Jesus von Nazareth zu uns auf die Erde kommt.

Die Prophetin Gabriele hat etwas Wunderschönes bauen lassen:

„das Zelt Gottes".

Darüber habe ich mich sehr gefreut.

Es wäre schön, wenn die Prophetin Gabriele Jesus von Nazareth in „das Zelt Gottes" einladen würde.

Dezember 2020

Es ist kurz vor Weihnachten. Eigentlich sollte man in Weihnachtsstimmung sein. Aber was ich heute erfahren habe, hat mir mein Blut in den Adern gefrieren lassen. Ich schalte den Fernseher ein und schau mir eine Sendung bei der Prophetin Gabriele an. Es ist nicht zu fassen, was ich da erfahren habe.

> „Der Vatikan mit Papst
> Franziskus besitzt eine
> eigene Tierschlachterei."

Ja, schämt sich Papst Franziskus nicht, Inhaber einer Tierschlachterei zu sein? Und da besitzt dieser Fleischesser Franziskus noch die Frechheit und behauptet vor Millionenpublikum, er wäre der Vertreter von Jesus von Nazareth.
Erstens beinhaltet die Religion von Jesus von Nazareth den Veganismus und zweitens hätte Jesus von Nazareth niemals einen Fleischesser zu seinem Vertreter ernannt.

Papst Franziskus ist <u>nicht</u> der Vertreter von Jesus von Nazareth.

Niemand auf der ganzen Welt wird von Jesus von Nazareth zu seinem Vertreter ernannt.
Jesus von Nazareth braucht keinen Vertreter, sondern Assistenten, die nach seiner Religion leben und von Jesus von Nazareth selbst ausgesucht werden.

18.12.2020

Talkshow am 18. Dezember 2020 auf HR um 22.40 Uhr.

Anwesend war unter anderem Andreas Englisch, der Vertraute des Papstes Franziskus. Auch der bekannte Skirennläufer Felix Neureuther war unter den Gästen.
Felix Neureuther sagte vor laufender Kamera, dass er aus der Kirche ausgetreten ist. Sinngemäß sagte Felix Neureuther, dass er keiner Organisation angehören möchte, in der Kinder geschändet werden.

Daraufhin stand Andreas Englisch auf, hob seine Arme nach oben und sagte laut:

„Der Papst ist von Gott gewollt."

Ich war mal wieder fassungslos.
Die Vatikaner können nur eins:

Lügen, Lügen, Lügen!!!

24. Dezember 2020

Alles erdenklich Gute zu deinem Geburtstag

wünscht dir
von ganzem Herzen

deine Sonja

mit

Tobi und Amsi.

Weihnachten 2020

Lieber Rabbi, ich möchte mich nochmals bei dir bedanken für dein wunderschönes Geschenk an mich, dass du dieses Haus vor „unliebsamen Gästen“ beschützt.

Danke, danke!
Deine Sonja

Silvester 2020/21

Ihr Lieben oben

im Himmel!

Ich wünsche euch allen und auch den Tieren, die oben bei euch sind,

alles Liebe und Gute

für das

Jahr 2021.

Eure Sonja

Ende Januar 2021

Ich habe mir eine Haartönungspackung „hellbraun“ gekauft. Meine jetzige Haarfarbe war braun mit einem rötlichen Schimmer. Aber nach der Tönung waren meine Haare schwarz, ganz schwarz. Die gleiche Haarfarbe, die mein Rabbi hat. Jesus von Nazareth hat schwarze Haare.
Ich konnte das gar nicht fassen.
Was bedeutet das?
Nach einigen Tagen ging ich nachts rauf zu meinen Liebsten. Aber es war nicht wie sonst. Es war gespenstisch dunkel. Ich stand ganz alleine da in einem dunklen, großen Raum. Mir war, als stünde ich vor einem Gericht. Aber weshalb klagt man mich an?
Ich habe doch niemandem etwas Böses getan. Es waren schlimme Gefühle.
In diesen Momenten war ich Jesus von Nazareth.
Jetzt weiß ich, wie Jesus sich gefühlt hat, als man ihn anklagte.

Jesus, diesen wunderbaren Menschen, klagt man an, der niemandem etwas Böses angetan hat. Im Gegenteil, Jesus hat Menschen und Tiere gerettet. Jesus von Nazareth hat sogar Tote wieder zum Leben erweckt.

Und für solche wunderbaren Taten wird man angeklagt?

Jetzt weiß ich, wie mein Rabbi gelitten hat.

Und kein Mensch hat ihm geholfen.

Jesus von Nazareth sagt:

Es darf sich niemand auf der ganzen Welt „Christ“ und/oder „christlich“ nennen, der kein Christ ist. Auch staatliche Parteien sowie Organisationen und Institutionen auf dieser Welt haben nicht das Recht, sich „Christen“/„christlich“ zu nennen, wenn sie nicht nach der Religion von Gott Vater und Gott Jesus von Nazareth leben.

Das ist ein Christ:

Ein Christ ist ein Mensch, der nach der Religion von Gott Vater und Gott Jesus von Nazareth lebt.

Ein Christ ist ein Mensch, der als 100%ige Veganerin oder als 100%iger Veganer lebt.

Ein Christ ist ein Mensch, der keine Babys und keine Kinder taufen lässt und auch selbst keine Babys und Kinder tauft.

Ein Christ ist ein Mensch, der weder Menschen noch Tiere ermordet.

Ein Christ ist ein Mensch, der keine Steuern für eine Religion erhebt.

Ein Christ ist ein Mensch, der keine Steuern an eine religiöse Institution zahlt.

März 2021

Und nun zu den Fischen:

Die Meere sind fast leergefischt. Zahlreiche Fischbestände stehen vor dem Zusammenbruch. Doch die Jagd geht weiter. Mit gigantischem Aufwand dringen hoch technisierte Fangflotten in immer entferntere Gebiete vor und durchpflügen die Ozeane nach den letzten Speisefischen.
Die angewandten Fischereimethoden fordern einen hohen Preis. Weltweit werden jährlich bis zu 30 Millionen Tonnen unerwünschter Beifang, darunter Jungfische, Vögel, Haie und Schildkröten, mitgefangen und sterben qualvoll in den Netzen. Zudem findet häufig eine physische Zerstörung zerbrechlicher Lebensräume statt wie etwa bei Korallenriffen oder Unterwasserseebergen.
Es gibt viele verschiedene Fangmethoden, mit deutlich unterschiedlichen Einflüssen auf das Ökosystem.
Gespannfischerei wird vor allem beim Heringsfang eingesetzt. Bei der Gespannfischerei auf Wolfsbarsch im westlichen Ärmelkanal kommt es zu hohen Beifängen von Delfinen sowie mitunter Walen.
Im Gegensatz zu den schwimmenden pelagischen Schleppnetzen werden Grundschleppnetze über den Meeresboden gezogen. Die Ketten oder Metallkugeln an der Netzunterseite scheuchen dabei auf dem Grund lebende Fische und Garnelen auf, die dann im Netz landen. Der Meeresboden wird bei dieser Fangmethode brutal durchwühlt, die Scherbretter hinterlassen tiefe Furchen. Ganze Ökosysteme, wie zum Beispiel Korallenriffe, werden vollständig zerstört.
Treibnetze sind riesige, unverankerte Kiemennetze, die gemäß ihrem Namen durch die Meere treiben. Da sich in den Netzen nicht nur Fische, sondern auch Wale und andere Tiere verfangen, werden die oft kilometerlangen Netze auch „Wände des Todes“ genannt. Zwar ist für die Treibnetzfischerei bereits 1992

ein weltweites Verbot der Vereinten Nationen (UN) in Kraft getreten, doch illegal findet sie bis heute statt.
Nach über 30 Jahren nimmt Japan ab heute, 01.07.2019, wieder offiziell die kommerzielle Jagd auf Wale auf.
Es ist grausam, mit ansehen zu müssen, wie die riesengroßen Tiere einen stundenlangen Todeskampf erleiden.
Hört endlich auf, diese wunderbaren Tiere zu ermorden. Das gilt für alle Tiere, die im Wasser leben.

Was du nicht willst,
das man dir tu,
das füg auch den
Fischen auf der
ganzen Welt nicht zu.

Jesus von Nazareth

Ostern 2021

Ich habe Rabbi Karfreitag um ca. 15.00 Uhr an unserem Treffpunkt besucht.
Es war sehr schön. Seitdem ich weiß, dass Jesus die Hinrichtung überlebt hat, habe ich einen ganz anderen Bezug zu diesem Tag. Früher hatte ich ein paar Tage vor Karfreitag schon furchtbare Angst und an dem Tag erst recht. Die Erinnerung an die damaligen grausamen Schmerzen kann ich meinem Rabbi leider nicht nehmen, aber die Tatsache, dass Jesus überlebt hat, ist für mich das schönste Geschenk auf Erden.
Ich bin noch nie so schnell mit meinem Fahrrad zu Jesus gefahren. Am liebsten wäre ich bei ihm geblieben.

Sonja

Ich saß gedankenverloren auf der Couch und überlegte, warum Jesus von Nazareth bei den Erscheinungen der Mutter Gottes z. B. bei Bernadette von Lourdes oder bei den Kindern von Fatima nicht damals schon der Menschheit sagte, was sein Anliegen ist. Ich hatte mich nicht getraut, ihn zu fragen.
Da Jesus Gedanken lesen kann, wusste ER, über was ich nachdachte.
Daraufhin hat Jesus mir gesagt, ER wollte mit den Erscheinungen den Menschen unter anderem einen gewissen Halt und ein bisschen Geborgenheit geben.
Jesus von Nazareth wusste damals schon, dass ER ab dem Jahr 2006 ein Buch schreibt, damit die ganze Welt die Wahrheit erfährt.

Monat Mai 2021

In diesem schönen Monat Mai wollte man mich umbringen. Mit aufgedrehten Scheinwerfern raste ein Lieferwagen auf mich zu.
Ich fuhr mit meinem Fahrrad eine Straße entlang. Links auf dieser Straße parkten Autos hintereinander, dadurch war die Straße nicht breit genug für mich und für den Lieferwagen. Der Lieferwagen machte auch keine Anstalten zu halten. Ich war starr vor Entsetzen. Jesus hat mich und mein Fahrrad genommen, mich in die Einbuchtung auf der rechten Seite der Straße geleitet, der Lieferwagen rauschte an mir vorbei und Jesus leitete mich und mein Fahrrad wieder auf die Straße. Das war super von meinem Rabbi. Ich brauchte noch nicht mal abzusteigen.
Danke, danke Rabbi, dass du mich gerettet hast.
Jesus von Nazareth, mein Rabbi, hat mir wieder mal das Leben gerettet.
Dafür danke ich Jesus unendlich.

Danke, danke!
Deine Sonja

Wer sich erhöht, wird erniedrigt werden

Ich bin mit dem Fahrrad zum Einkaufen gefahren.
In dem Lebensmittelgeschäft habe ich einen Artikel gesucht. Ich habe nach einer Mitarbeiterin des Geschäftes Ausschau gehalten und habe sie nach einem bestimmten Lebensmittel gefragt. Ich sagte zu ihr: „Ich suche ein bestimmtes Lebensmittel. Haben Sie dieses in vegan? Ich bin Veganerin."
Au weh, das hat Jesus gehört und er hat gesehen, dass ich zwei Artikel in vegetarisch statt vegan im Einkaufswagen liegen hatte. Nach meinem Einkauf fuhr ich mit dem Fahrrad nach Hause. Nach einer gewissen Zeit fiel ich vom Fahrrad. Alles flog natürlich wieder aus meinen zwei Fahrradkörbchen. Ich wusste nicht, warum mich Jesus jetzt vom Fahrrad geholt hatte. Als ich zu Hause war und meine Einkaufstasche geleert hatte, ist mir nicht aufgefallen, dass zwei Artikel in vegetarisch dabei waren. Jesus möchte, dass man „vegan" lebt und nicht vegetarisch, das wusste ich. Aber wie gesagt, es ist mir nicht aufgefallen, dass der Sturz mit den zwei vegetarischen Artikeln zu tun hatte.
Eine Woche später fuhr ich zum Einkaufen und kaufte wieder die zwei Artikel in vegetarisch. In vegan gibt es diese zwei Artikel noch nicht. Wieder fuhr ich nach dem Einkaufen mit dem Fahrrad nach Hause. An einer anderen Stelle holte mich Rabbi vom Fahrrad. Ich wusste im Moment wieder nicht warum. Als ich zu Hause meine Einkaufstasche auspackte, fiel mir auf, dass die zwei Artikel nicht in vegan waren. Das ist also der Grund, warum ich zweimal von Jesus zu Fall gebracht wurde, auch weil ich zu der Verkäuferin sagte: „Ich bin Veganerin."
Ich habe mich damit selbst erhöht.
Seitdem schaue ich beim Einkaufen noch zehnmal nach, ob auch alles, was ich an Lebensmitteln kaufe, „vegan" ist.

Bitte, liebe Leserinnen und Leser:

„Lebt vegan."

August 2021

Bei Kirchen-TV lief an einem Nachmittag eine Sendung:

„Stunde der Seelsorge“
Fleisch versus vegan

Unter anderem sagte der anwesende Pater Karl Wallner vor TV-Publikum: Bei ihrer Religion (also bei der katholischen Kirche – ich nehme an, dass er auch die evangelische Kirche mit einbezogen hat), dürfen sie alles essen. Und unter anderem sagte Pater Wallner: Er würde nie Veganer werden, nie!
Ein paar Tage später in der Sendung „Stunde der Seelsorge“ sagte Pater Karl Wallner unter anderem: Er würde alles tun, um in den Himmel zu kommen.
Ich frage mich: Woher auf einmal dieser Sinneswandel, Pater Wallner? Bekommst du jetzt doch Angst, als Fleischesser nicht in den Himmel zu kommen? Damit hättest du als Fleischesser und somit als falscher Christ total Recht.

Die Lehre Jesu ist überliefert.
Alle Menschen dieser Welt wissen, dass die Religion von Gott Vater und Gott Jesus von Nazareth vor ca. 2000 Jahren den Vegetarismus beinhaltete.
Heute 2021 bis in die Ewigkeit beinhaltet die Lehre Jesu den

Veganismus.

Erläuterung: Vor ca. 2000 Jahren gab es noch keine Milchfabriken und keine Eierfabriken. Darum hieß es damals „Vegetarismus“.
Heute 2021 gibt es grausame Milchfabriken und grausame Eierfabriken, darum beinhaltet „die Lehre Jesu“ ab der heutigen Zeit bis in die Ewigkeit den

Veganismus.

Gott Vater und Gott Jesus von Nazareth bitten die ganze Welt:

„Täglich vegan leben.“

In der Religion von Gott Vater und Gott Jesus von Nazareth hat sich noch etwas geändert: Keine Babys taufen, hieß es vor ca. 2000 Jahren.
Da Luther wusste, dass Jesus gegen das Babytaufen war, ließ er Kinder mit 14 Jahren taufen, was Gott Vater und Gott Jesus von Nazareth nicht wünschen. Gott Vater und Jesus von Nazareth wünschen, dass sich nur erwachsene, freidenkende Menschen taufen lassen.

Darum heißt es in der „Lehre Jesu“ heute: keine Babys und keine Kinder taufen.

Als ich zu meinem Sohn, der der evangelischen Kirche angehört, sagte, dass „die Lehre Jesu“ in der damaligen Form überliefert ist und die ganze Welt das weiß, sagte er: „Wo steht das?“
Darum schreiben Gott Vater und Gott Jesus von Nazareth unter anderem dieses Buch, damit niemand mehr sagen kann:

„Wo steht das?“

Talkshow am 11. Dezember 2021
auf NDR um 20.15 Uhr

„Schönes Weihnachtsgeschenk“ an
den mächtigsten Mann der Welt
Jesus von Nazareth
von den „falschen Christen des
Vatikans“

In der Talkshow war unter anderem Andreas Englisch, der engste Vertraute des falschen Christen Papst Franziskus, anwesend. Die ganze Welt weiß, dass Jesus von Nazareth vor ca. 2000 Jahren gesagt hat:
„Niemand auf dieser Welt darf sich

‚Heiliger Vater‘

nennen.
Nur mein Vater im Himmel ist der ‚Heilige Vater‘.“
Das ist seit 2000 Jahren überliefert.
Und trotzdem nennt sich Papst Franziskus fälschlicherweise: „Heiliger Vater“.
Andreas Englisch tat bestürzt, dass viele Menschen dagegen sind, dass Papst Franziskus sich Heiliger Vater nennt. Er erzählte, dass Papst Franziskus ihm (Andreas Englisch) auf die Schulter klopfte und sagte:

„Na, wie gehts, Heiliger Sohn?“

Eine Schande von Papst Franziskus, das Ganze noch ins Lächerliche zu ziehen.

Als ich Jesus das erste Mal sah, sagte ich: „Mein Gott, Jesus ist ja ein hübscher Mann. Habe ich ein Glück."
Da hörte ich, wie Jesus sagte: „Glück, du wirst dich wundern."

Heute, 2021, weiß ich, dass Jesus in die Zukunft sehen kann und alles im Voraus weiß. Er wusste den ganzen Ablauf da schon und somit wusste er, dass die 15 Jahre Zusammenleben mit ihm für mich nicht immer nur Sonnenschein sein würden, sondern dass auch grausame Realitäten auf mich zukommen werden. Aber wir haben die 15 Jahre gut gemeistert und ich habe IHN, den mächtigsten Mann der Welt, immer noch so sehr lieb wie am ersten Tag.

Sonja

Weihnachten 2021

Alles erdenklich Liebe zu
deinem Ehrentag
wünscht dir
deine Sonja.

Auch Tobi und meine Tiere
wünschen dir alles Liebe.

Tobi und ich
haben dir,
lieber Jesus,
diesen Schneemann
gemalt.

Wir haben Weihnachten 2021

Heute ist der zweite Weihnachtstag.
Es ist 18.30 Uhr und ich befinde mich in der Küche. Plötzlich kommt eine Gestalt vom Esszimmer in meine Küche. Das Gesicht und etwas mehr vom Oberkörper dieser Gestalt waren noch im Dunkeln, also noch nicht zu erkennen. Dann kam sie immer näher, streckte den rechten Arm und ihre Hand nach mir aus und lächelte. Ich habe meine Schwester Irene gleich erkannt. Unverwechselbar: Es ist Irene. Irene hatte einen Eckzahn, der etwas weißer und dicker war als die anderen Zähne. Und das fiel mir bei ihrem Lächeln gleich auf. Sie lächelte und hätte mich am liebsten mitgenommen. Dann ging sie zur Küchentüre in den Flur und dann sah ich sie nicht mehr.
Herrlich, Irene war hier. Vor Weihnachten habe ich noch zu mir gesagt, ich sehe weder Irene noch Frank noch Herrn Dr. Walker, wenn ich nachts oben bin. Das fand ich immer so schade. Und heute Abend, am zweiten Weihnachtstag kommt meine Schwester Irene mich besuchen. Kein Mensch auf dieser Welt kann sich vorstellen, was das für Gefühle waren.
Danke, Irene, dass du mich besucht hast. Aber ich muss mich in erster Linie bei Jesus bedanken. Denn ohne seine Genehmigung kann niemand auf diese Erde kommen.

Danke, danke, lieber Rabbi, dass du erlaubt hast, dass meine geliebte Schwester Irene mich besuchen durfte.

Ein wunderschönes Weihnachtsgeschenk von meinem geliebten Rabbi.

Eure Sonja

Silvester 2021/22

Wir haben Silvester 2021/22.

Alles Gute und viel Liebe für
das Jahr 2022 wünscht dir,
lieber Jesus, und deiner Crew
oben im Himmel

deine Sonja
mit Tobi.

Auch die ganze Welt wünscht dir und deinen Liebsten oben im Himmel alles Gute.

Februar/März 2022

Wir haben Krieg in Europa.

Russland gegen die Ukraine.

Ich habe nicht für möglich gehalten, dass es nach der „Hitler-Katastrophe“ noch einmal einen Menschen gibt, der einen Krieg anfängt.
Man kann nur hoffen, dass dieser Unmensch Putin nicht noch einen Weltkrieg heraufbeschwört.

8. März 2022

Auf Arte um 20.15 Uhr am 08.03.2022

lief eine Reportage über

„Gottes missbrauchte Dienerinnen“

Nach zahlreichen Kindesmissbrauchsskandalen erschüttert ein weiterer Vorwurf die katholische Kirche.
Priester sollen Nonnen missbraucht haben.

Prostitution im großen Stil
bei der katholischen Kirche.

Die Priester geben den Oberinnen Geld und die Oberinnen liefern den Priestern Nonnen. Die Priester wurden vom Vatikan geschützt. In Afrika ist es ganz schlimm.
Dort sind Frauen sehr arm. Es gibt kaum Möglichkeiten, Geld zu verdienen. Diese Frauen schließen sich der katholischen Kirche an, damit sie wenigstens ein Dach über dem Kopf haben und etwas zu essen bekommen.
Diese Situation nutzen viele Priester aus. Die Nonnen werden praktisch dazu gezwungen, zu schweigen, sonst werden sie entlassen. Sollte eine Nonne schwanger werden, egal wo auf dieser Welt, wird ihr das Baby sofort weggenommen.

Das verstehen Menschen unter „Religion“.
Und was Jesus von Nazareth am meisten ärgert, ist, dass Milliarden Menschen auf dieser Welt durch ihre Kirchensteuerzahlungen dieses entsetzliche System Kirche noch unterstützen.

Laut Reportage dieses Films hat Papst Franziskus dieses Dilemma mal wieder verschwiegen.

Inhalt der Religion von

Gott Vater und
Gott Jesus von Nazareth:

Veganismus,
keine Babys und
keine Kinder taufen,
die Bergpredigt,
die zehn Gebote,
du sollst nicht töten,
das gilt für alle Menschen
und alle Tiere,
keine Steuern erheben
für eine Religion.

Wir haben März 2022 und es ist Krieg in Europa

Es ist bis jetzt für uns Europäer unvorstellbar, dass es nochmal einen Krieg gibt, egal ob nur in Europa oder ob sogar ein Flächenbrand auf der ganzen Welt entsteht.

Jesus hat mir heute einen riesengroßen Feuerball gezeigt.
Ich habe mich ehrlich erschrocken, als ich diesen riesengroßen Feuerball sah.
Was bedeutet das?
Nichts Gutes für diese Welt.

Nur Jesus von Nazareth könnte dieses Unheil abwenden, wenn die gesamte Menschenwelt die Religion von Gott Vater und Gott Jesus von Nazareth übernimmt, und zwar „die Lehre Jesu" in der heutigen Form wie in diesem Buch schon beschrieben.

Mai 2022

Das Manuskript zu dem Buch von Jesus von Nazareth ist fertig. Wir, Rabbi und ich, haben es geschafft, das Manuskript fertigzustellen.
Unsere Crew oben im Himmel hat sich auch gefreut.

Aber der Erfolg hat auch einen hohen Preis. Ich bin seit einigen Tagen nicht mehr oben bei Rabbi, Tobi, meinen Tieren und unseren Liebsten.
Das ist so grausam, ich kann es keinem Menschen beschreiben. Ich hatte schon vor ein paar Tagen etwas gemerkt. Als ich oben war, wurde es auf einmal immer dunkler und meine Liebsten haben sich so seltsam verhalten, so dass ich dachte, ich habe etwas falsch gemacht. Aber das war nicht der Grund für ihr Verhalten. Sie wussten da schon, was Jesus mit mir vorhatte: die Trennung.
In der Nacht vom 12. auf den 13.05.2022 war Jesus mir sehr nahe. Wir sind nachts spazieren gegangen. Es war traumhaft schön. Jesus gab mir noch ein Küsschen. Aber nach einer Zeit entfernte sich Jesus immer mehr von mir. Nachher sah ich ihn nur noch in weiter Ferne mit seinem langen weißen Gewand. Da wusste ich, was das bedeutet.
Ich habe nach ihm geschrien wie wahnsinnig. Ich habe nach Jesus und nach Tobi geschrien. Wie soll ich ohne die zwei weiterleben.
Ich kann mir das nicht vorstellen.
Jesus war 16 Jahre lang mein Traummann. Tobi ist mir in all den Jahren ans Herz gewachsen, als wäre er mein eigenes Kind. Als ich am nächsten Morgen auf die Terrasse ging, um meine Amseln zu füttern, war der Rasen voll mit

„Vergissmeinnicht".

Ich habe mich riesig gefreut. Es war wunderschön zum Anschauen. Ich werde Jesus nie vergessen, nie!!!

Und meinen Tobi auch nicht. Die Tiere, die oben sind, und unsere Liebsten werde ich auch nicht vergessen.
Nur wie soll ich weiterleben?
Das geht doch gar nicht.
Ich weine und zittere am ganzen Körper.
Ich muss eine Zeit lang aufhören zu schreiben.

Ich habe mich ein wenig beruhigt. Und jetzt habe ich nur eins im Kopf, dass die Religion von Jesus von Nazareth auf der ganzen Welt verbreitet wird.

Wenn die ganze Welt nach der Religion von Gott Vater und seinem Sohn Gott Jesus von Nazareth lebt, wird es keine Kriege auf dieser Welt mehr geben.

Und alle Menschen und alle Tiere auf dieser Welt werden endlich in Frieden leben können.

Gott Vater
und
Gott Jesus von Nazareth

2022

Dezember 2023

Weihnachtsüberraschung

Mein Sohn erzählte mir, dass er aus der evangelischen Kirche ausgetreten ist. Darüber habe ich mich natürlich sehr gefreut.
Er sagte mir, dass er sich schon lange durch Bücher lesen und recherchieren im Internet über Luther und seine Religion informiert hat.
Heute bin ich froh, dass ich meinen Sohn nie beeinflusst habe, und somit war es seine eigene Entscheidung, aus der evangelischen Kirche auszutreten als

„freidenkender Mensch."

Dezember 2023

Mein Weihnachtsgeschenk

Heute Nacht habe ich etwas traumhaft Schönes erlebt. Ich stand plötzlich vor der Himmelstüre. Die Türe war groß und in der Farbe braun. Das Material der Türe sah aus wie aus Holz, und die Türe hatte kein Schlüsselloch mit einem Schlüssel. Um die Türe befanden sich weiße Wolken. Und links vor der Türe schwebte ein Engel, wunderschön. Und dieser Engel wurde angestrahlt von einem wunderschönen Licht. Es ist ein besonderes Licht. Dieses herrliche Licht vergisst man nie wieder.
Das ist so schön. Es strahlt Wärme und Geborgenheit aus. Das war ein wunderschönes Weihnachtsgeschenk von meinem Rabbi.

Danke, danke
deine Sonja

Abschlussworte

von

Gott Vater

und

Gott Jesus von Nazareth

Wenn die Menschen dieser Welt nicht umkehren zu der Religion „die Lehre Jesus“ (Inhalt unter anderem Veganismus) mit der Bergpredigt und den zehn Geboten, lassen

ICH, Gott Vater,
und
mein Sohn Gott Jesus von Nazareth

die Welt untergehen.

Es werden nur die Menschen überleben, die jetzt schon nach unserer Religion leben.
Es wird eine neue Welt entstehen mit Menschen
und nicht mit Unmenschen.

Gott Vater
Gott Jesus von Nazareth

Schlusswort

Hätten die Menschen vor 2000 Jahren und die Kirchen vor 1700 Jahren sowie andere religiöse Institutionen die Religion von Gott Vater und Gott Jesus von Nazareth

„die Lehre Jesu mit
der Bergpredigt
und den zehn Geboten"

vollständig übernommen, hätten wir seit 2000 bzw. 1700 Jahren Frieden auf dieser Erde für alle Menschen und alle Tiere und nicht so eine katastrophale Welt wie heute.

Gebet

Unser Vater, der du bist im
Himmel, geheiligt sei dein
Name. Dein Reich komme.
Dein Wille geschehe auf
Erden wie im Himmel.
Unser tägliches Brot ohne
Tierkadaver gib uns Tag
für Tag und die Frucht des
lebendigen Weinstocks.
Und vergib uns unsere
kleinen Sünden.
So mögen auch wir vergeben
die kleinen Sünden
anderer. Verlasse uns
nicht in der Versuchung.
Erlöse uns vom Bösen.
Denn dein ist das Reich
und die Kraft und die
Herrlichkeit in alle Ewigkeit.

Amen.

Die Autorin

Ein tiefes Mitgefühl für alle Kreaturen hat das Leben Sonja Marquardts von Anbeginn geprägt. So ist sie zeitlebens tiefe Bindungen auch mit Tieren eingegangen und betrachtet vor diesem Hintergrund den Zustand der Welt und der Menschheit mit Unverständnis, Sorge und Empörung. Seit Jesus sich ihr offenbart hat, weiß sie, dass er alle Geschöpfe – Menschen und Tiere – gleichermaßen liebt. Das Buch „Jesus von Nazareth – Die Wahrheit wird euch befreien" hat sie auf Basis ihrer Erfahrungen mit Jesus verfasst.